Empresas militares privadas y la externalización de la guerra: Reexaminando el razonamiento político hacia la paz

Renan de Souza

ÍGNEO

PAPELES SALVAJES

EMPRESAS MILITARES PRIVADAS Y
LA EXTERNALIZACIÓN DE LA GUERRA
Reexaminando el razonamiento político hacia la paz
© Renan de Souza

Editado por: Corporación Ígneo Chile SPA
para su sello editorial Ígneo
San Sebastián 2750, Of. 603, Las Condes, Santiago. Chile.
Primera edición, octubre, 2024

ISBN: 978-956-6404-01-9
Tiraje: 50 ejemplares

Se terminó de imprimir en octubre de 2024 en:
Centro de Impresión por Demanda Ltda.
Edo. Castillo Velasco 1616, Ñuñoa. Santiago, Chile.

www.grupoigneo.com
Correo electrónico: contacto@grupoigneo.com | Teléfono: +51 955 071 270
Facebook: Grupo Ígneo | X: @editorialigneo | Instagram: @grupoigneo

Colección: Papeles Salvajes

Contenido

Agradecimientos

Primero que todo, quiero agradecer a Dios y al universo por poder vivir experiencias tan increíbles después de haber visitado más de 70 países alrededor del mundo, adquiriendo las habilidades y la sabiduría que me han convertido en la persona que soy, un verdadero profesional de las relaciones internacionales.

En segundo lugar, me gustaría expresar mi agradecimiento al ministerio de asuntos exteriores y de la Mancomunidad de Naciones del Reino Unido, que me otorgó la beca Chevening, para estudiar una maestría en relaciones internacionales en Goldsmiths, Universidad de Londres. Al final de este año extraordinario (y uno de los más increíbles de mi vida), solo puedo dar gracias a cada persona que he conocido y que se cruzó en mi vida durante este viaje, haciéndome crecer y madurar, tanto a nivel académico como personal.

Por otra parte, quisiera agradecer a mi familia, amigos, y exdirectivos, que me apoyaron y creyeron en mí desde el comienzo. Sin lugar a duda, puedo decir que este es solo el comienzo de mi viaje. Sueño con trabajar globalmente para cambiar las vidas y realidades de las personas, para hacer el mundo más justo, responsable, y acogedor para cada uno, sin importar su raza, género, origen o creencia religiosa. La conclusión de mi maestría, que ha ampliado mi comprensión, mi conocimiento y pensamiento crítico, es precisamente el impulso que necesitaba para seguir adelante.

Para todos ustedes, quisiera expresar mi ¡gratitud sincera!

Por lo tanto, me gustaría dedicar este trabajo a todos los académicos, investigadores, escolares, especialmente aquellos que pertenecen a grupos minoritarios como yo, que están superando una variedad de barreras para producir trabajos científicos de vanguardia.

«Si quieres hacer las paces con tu enemigo, tienes que trabajar con tu enemigo. Entonces, se convertirá en tu aliado».

Expresidente sudamericano Nelson Mandela.

Prólogo

Es tiempo de paz

Por Óscar Arias Sánchez, expresidente de Costa Rica y Premio Nobel de la Paz

No hay nada que ame más, que una improbable victoria por la paz. Sé lo que es ser desvalido. Sé lo que es tener las probabilidades en mi contra. Sé lo que es ser descartado como un soñador, fuera de contacto con la realidad. Incluso sé lo que es entrar a las Naciones Unidas sintiéndose así. Cuando me dirigí por primera vez a las Naciones Unidas como presidente de Costa Rica, hace unas décadas, estaba en una misión que mucha gente pensaba que nunca tendría éxito. Estuve allí para defender un acuerdo de paz que había redactado en respuesta a la violencia que asolaba a mi región. Tomé mi lugar frente al micrófono con las esperanzas y sueños de millones de costarricenses y centroamericanos sobre mis hombros, pero sabía que mis palabras enfrentarían la oposición de las dos superpotencias del mundo que estaban utilizando mi región en una guerra de poderes.

Las probabilidades estaban en mi contra, pero aun así el proceso de paz en Centroamérica se hizo realidad. Enfrentó oposición, pero obtuvo el apoyo de muchas personas en las Naciones Unidas, de líderes de todo el mundo, de hombres y mujeres comunes y corrientes que llegaron a creer en el potencial de Centroamérica para resolver sus propios problemas. El proceso de paz fue finalmente firmado por los presidentes de Centroamérica el 7 de agosto de 1987. La arriesgada apuesta dio en el blanco. Casi treinta años después, vi otro esfuerzo por la paz vencer todos los pronósticos de las Naciones Unidas. Durante décadas, observé cómo el flujo desenfrenado de armas pequeñas y armas ligeras en nuestra región, y en casi todos los países del mundo en desarrollo, desencadenaba violaciones de derechos humanos en todo el mundo. Incluso en regiones como la mía, en las que se trabaja arduamente para mantener la paz, estas armas no reguladas estaban destruyendo millones de vidas. Por eso en 1997, junto con otros premios Nobel de la Paz, comencé un esfuerzo por establecer un tratado integral sobre el comercio de armas, que prohibiría la transferencia de armas a estados, grupos o individuos, si existen razones suficientes para creer que esas armas podrían ser utilizadas para violar los derechos humanos o el Derecho internacional. Yo era un poco mayor y tenía mucha más experiencia, pero no hay duda: una vez más, era desvalido. El Tratado de Comercio de Armas era la más remota de las posibilidades. Enfrentó la oposición de algunos de los países más poderosos del mundo. Nunca pensé que vería este tratado convertirse en realidad en mi vida. Quedé asombrado y emocionado cuando, después de más de quince años de arduo trabajo, el tratado de comercio de armas finalmente fue aprobado en las Naciones Unidas, y entró en vigor en 2014. El tratado es la mayor contribución a la humanidad que mi país ha hecho hasta la fecha, y ha sido posible gracias a la colaboración de gobiernos, organizaciones e individuos de país de todo el mundo.

Los dos momentos de mayor orgullo en mi vida fueron victorias improbables para la paz, y ambos caminos condujeron a través de las Naciones Unidas. Quizás por eso me gusta tanto la historia detrás de la Declaración Universal de los Derechos Humanos. También fue una respuesta a la guerra y violencia. También fue un intento de encontrar puntos en común entre los diversos intereses de múltiples naciones, y no solo de las naciones de una región, sino la mayoría de las naciones de la tierra.

Los terribles acontecimientos pasados de la historia de la humanidad, nos han recordado, de manera muy dramática, que todos somos vulnerables a las violaciones de los derechos humanos. Hemos visto con una claridad sin precedentes que las ofensas a los derechos humanos no son asunto de unos pocos desafortunados, sino más bien una preocupación universal. Hemos visto que los derechos humanos pueden verse amenazados no solo en una zona de guerra o en un país desbastado por la pobreza extrema, sino también en el mundo desarrollado, en democracias establecidas, en lugares que otras naciones han tomado como ejemplo.

Hemos visto países y regiones que habían cruzado el umbral de la democracia, como Venezuela, volver a caer en el dolor, el sufrimiento y la opresión. Hemos observado el surgimiento de movimientos populistas en todo el mundo que buscan limitar los derechos de los migrantes, de las personas de color, o de la comunidad LGBTI. Hemos visto el odio y la violencia propagarse como una enfermedad, viajando de un titular a otro a través de redes sociales que nos mantienen unidos. Hemos visto el impacto creciente del cambio climático en nuestras comunidades, cuyas consecuencias para la salud y los derechos humanos en los años venideros serán profundas.

El mundo también observa como las luchas y los conflictos en torno a los derechos humanos ocupan un lugar central en Estados Unidos, un faro de democracia para muchos otros países del mundo.

Hemos observado expresiones de intolerancia y racismo que han horrorizado a personas de todo el espectro político. Hemos visto el resurgimiento de un tipo de odio que creíamos haber derrotado. Aún no hemos terminado la estrofa final «venceremos». De hecho, parece que estamos retrocediendo. Debemos ser cuidadosos.

Mire en redes sociales en cualquier parte del mundo y encontrará lugares donde la discriminación, la ignorancia, el racismo y la desigualdad prosperan. Se puede ver que estos problemas no son temas en las fronteras nacionales. Se puede ver que ningún país es inmune.

Estos desafíos son reales. Y son aterradores. Pero la realidad es que, si bien ahora puede haber más en juego y algunos de los peligros más agudos, ninguna de estas amenazas a los derechos y la seguridad humanos es nueva. Los grupos que hoy son más vulnerables por su nacionalidad, religión, color, género u orientación sexual, han sido maltratados durante siglos. Nuestras democracias siempre han sido frágiles.

Aquellos de nosotros cuyos derechos fundamentales son generalmente respetados, corremos el riesgo de olvidar todo esto. Corremos el riesgo de volvernos ignorantes. Y cuando se trata de derechos humanos, la ignorancia permite que la discriminación y la injusticia no se controlen hasta que estallan de una manera que no se puede ignorar: en una avalancha de odio, en una manifestación racista, en una tragedia.

Si los acontecimientos recientes en todo el mundo han abordado esa ignorancia y nos han recordado que debemos unirnos, entonces la oportunidad que tenemos ante nosotros es inmensa. Y la clave de ese esfuerzo, la solución incuestionable, son los profesores y estudiantes, como Renan de Souza, quien dedicó sus estudios a la paz en su libro *Empresas militares privadas y la subcontratación de la guerra: reexaminar la lógica política hacia la paz.*

Algunos podrían decir que los docentes deberían permanecer libres de cualquier agenda política, que el activismo no tiene cabida en el aula. Yo lo veo un poco diferente. Compartir información como ésta, sobre desarrollo humano, ayuda exterior y prioridades de gasto, no es un acto partidista. Esta es información que toda persona en el mundo merece ver. Un sistema educativo que no proporciona esa información sobre la pobreza y la riqueza, sobre la justicia y la injusticia, sobre la enfermedad y la salud sobre el racismo y la unidad, no es un sistema educativo en absoluto. No logra preparar a sus estudiantes para los desafíos de su tiempo. Dado que, las «habilidades del siglo XXI», son un eslogan popular, debemos reconocer que nuestros estudiantes no están preparados para el mundo si no comprenden los desafíos del siglo XXI.

Estamos en una encrucijada en la historia de la humanidad, un punto de inflexión en el que «la paz en nuestro tiempo» es, por fin, una opción viable. Un imperio de opresión se ha derrumbado y nuevas naciones han declarado su compromiso con la democracia y el desarrollo. Algunos países previamente inmersos en una cultura de militarismo están cambiando tanques por tecnología. Ha surgido una comunidad global para unirse a favor de la conservación del medio ambiente y los derechos humanos, y contra la pobreza y los vestigios restantes del totalitarismo. Estamos unidos contra la proliferación nuclear, la deforestación y la miseria.

Sin embargo, aunque hayamos ganado una guerra, todavía no hemos ganado la paz. Debemos hacer más que simplemente declarar nuestro compromiso con la lucha contra el militarismo, la corrupción y la pobreza. Debemos respaldar estas declaraciones con recursos y esfuerzo sincero. Debemos trabajar por nuestra paz, un proceso que nunca termina, como se explora en este libro.

Al considerar la paz y seguridad, un punto crucial de este trabajo, emprendemos un esfuerzo que no carece de precedentes. A lo largo de los años, se han reunido innumerables asambleas para abordar la difícil tarea de consolidar estos dos pilares del orden internacional. Y los años han producido innumerables recomendaciones:

De Westfalia en 1648, donde el orden estaba vinculado al respeto de la soberanía.

A san Francisco en 1945, donde el orden dependía de la seguridad colectiva.

Hasta el día de hoy, cuando prevemos que el orden se logrará mediante la erradicación de los peligros que amenazan las posibilidades de la humanidad de lograr el progreso personal y colectivo.

Si bien el concepto de paz ha ido variando en el tiempo, su significado, y aún más, su pertinencia, se han mantenido válidos.

Necesitamos la paz para el sustento humano, para el desarrollo humano y, en última instancia, para la supervivencia humana, como sabiamente menciona el autor en este libro.

Tal como lo concibieron los fundadores de La Liga de las Naciones, el orden se caracterizaba por la ausencia de conflictos entre estados. Implicaba el establecimiento de organizaciones universales para hacer cumplir los derechos y responsabilidades globales, frenar a los agresores potenciales, fomentar el bienestar económico y promover el estado de derecho.

La posterior Guerra Fría impidió la realización de esta visión. En el orden que siguió, el discurso sobre la universalidad y el globalismo fue reemplazado por la retórica del antagonismo, una retórica con un vocabulario propio. Términos como seguridad nacional, contención y disuasión reemplazaron a términos como seguridad global y solidaridad. Del mismo modo, la seguridad humana quedó eclipsada por la política de equilibrio de poder.

Con el colapso del bloque soviético, hemos comenzado a escuchar una vez más los susurros de que se ha recuperado el orden, de que se ha recuperado la seguridad y de que se ha reivindicado la democracia. Sin embargo, estos matices son acallados por los lamentos de un tercer mundo, que parece, una vez más, haber sido olvidado. Y acompañando a estos murmullos están los gritos de los oprimidos que, también aparentemente olvidados, continúan viviendo bajo regímenes que engrandecen sus ejércitos y violan los derechos humanos.

¿Qué significa el fin de la Guerra Fría entre oriente y occidente para los niños hambrientos, para las madres desconsoladas, y para los padres desesperados de los países en desarrollo y para los ciudadanos perseguidos de Corea del Norte y Cuba?, no significa nada si no tienen acceso a alimentos, ropa, vivienda, educación, atención médica y libertad.

El fin de la Guerra Fría no significará nada si no reemplazamos el anticuado concepto de seguridad que prevaleció durante el conflicto Este-Oeste. Hoy en día, la seguridad debe significar más que la de evitar la guerra; debe significar la ausencia de necesidad. Este es precisamente el significado central del libro *Empresas militares privadas y la subcontratación de la guerra: reexaminar la lógica política hacia la paz.*

La seguridad humana, a diferencia del concepto tradicional de seguridad vinculado a la capacidad militar y al poder económico, no tiene connotaciones nacionales o etnocéntricas. En términos cuantitativos, la seguridad humana representa el grado en que los seres humanos están protegidos de la ignorancia, enfermedad, hambre, el abandono y la persecución. Este es el grado en el que se respetan la vida y dignidad humanas. Sin embargo, en el turbulento mundo de finales del siglo XX, con frecuencia perdemos de vista al ser humano como el principal impulso de toda acción política. El sistema internacional moderno, dominado por el realismo y el mercado, y arrastrado por la búsqueda frenética de mayor competitividad y mayores niveles de producción y consumo, frecuentemente ignora al individuo, cuyo bienestar debe ser el objetivo más importante de nuestro tiempo.

Hoy la pobreza priva a nuestros semejantes de los frutos de la democracia, la paz y la libertad. Invade nuestras ciudades, trayendo devastación y discordia a nuestras comunidades. Como hemos visto en Centroamérica, no basta con desmantelar las dictaduras y poner fin a la guerra si no eliminamos las causas subyacentes de la pobreza. Prácticamente hemos derrotado las dictaduras y la violencia. Pero sigue otra guerra. Nuestra próxima preocupación histórica es la lucha por la seguridad humana contra la pobreza global.

Aunque pueda parecer que la pobreza afecta solo a los marginados y a las minorías, la pobreza es enemiga de todos nosotros, incluso de aquellos que disfrutan de prosperidad. La pobreza penetra en todos los rincones de nuestras sociedades, en todos los suburbios y en todas las metrópolis, trayendo devastación y discordia donde antes había prosperidad y armonía.

En la cercanía global, como la que vivimos hoy, los individuos deben cooperar con todos los propósitos imaginables: mantener la paz y el orden, expandir la actividad económica, evitar una mayor contaminación, detener el calentamiento global, combatir las enfermedades pandémicas, promover el desarme, frenar la desertificación, proteger la biodiversidad, combatir el terrorismo, combatir recesiones económicas, frenar el tráfico de drogas... y la lista continúa. Estos problemas requieren que todas las naciones hagan esfuerzos en conjunto. Lo que sucede en lugares lejanos importa mucho más ahora, ya que ningún lugar está muy lejos de otra comunidad.

Una decisión tomada hoy por una junta directiva coreana puede determinar el destino de una cultura indígena en Brasil. El uso de aerosoles en Europa provoca un aumento particular del cáncer de piel en América del Sur. Un desastre agrícola puede equivaler a una hambruna generalizada en África Oriental. Por el contrario, el crecimiento económico en Asia Oriental puede proteger el empleo en América del Norte. Los cambios arancelarios en Europa pueden aliviar las presiones del aumento del petróleo que amenazan la supervivencia de los bosques en África y América Latina. La restructuración industrial en el norte podría significar una reducción de la pobreza en el sur, lo que a su vez puede ampliar los mercados para el norte. El acortamiento de las distancias, la multiplicación de los vínculos y la ampliación de la interdependencia son los factores que transforman al mundo en una vecindad global.

Los movimientos motivados por un sentimiento de solidaridad humana que trasciende las fronteras nacionales son otra marca de la evolución del mundo hacia una comunidad global. Estos movimientos, sin fronteras, han resaltado la humanidad más común de los habitantes del mundo al trabajar para emancipar a las mujeres, proteger los derechos humanos, lograr un planeta menos contaminado o eliminar las armas nucleares. Son las características cada vez más importantes de la sociedad civil global emergente.

Además de un compromiso con la paz y la seguridad humana, necesitamos un proceso de transparencia para descubrir la corrupción en el gobierno para nuestra nueva sociedad civil. Uno de los problemas más frecuentes asociados con la corrupción en la sociedad moderna es el del tráfico de drogas y la especulación de funcionarios políticos y militares en los países productores de drogas. El mundo se siente, con razón, ofendido por el envenenamiento de su juventud causado por drogas originarias del mundo en desarrollo. Sin embargo, las naciones productoras de armas no muestran reparos en alentar la creciente industria armamentística, que a menudo envía armas destructivas a las regiones más inestables, quitando la vida a jóvenes inocentes.

¿No es hipócrita condenar el tráfico de drogas y al mismo tiempo alentar la venta de armas? Es precisamente el comercio de armas lo que genera enormes beneficios en detrimento de millones. En los países en desarrollo se podrían salvar diez millones de vidas cada año con menos de la mitad de sus gastos militares. En los países desarrollados, los gobiernos gastan diez veces más en su «defensa» militar que en ayuda al desarrollo para los países más pobres.

Cuando la guerra se convierte en un negocio, por cada individuo que prospera, millones se desesperan. ¿Cómo podemos gastar dos millones de dólares al año en gastos militares mientras millones de hombres, mujeres y niños languidecen en la pobreza? ¿Cómo podemos aceptar un mundo que gasta veinticinco veces más en mantener a un soldado que en educar a un niño? De hecho, el continuo comercio de armas representa una de las formas más generalizadas de corrupción.

Sin embargo, la corrupción requiere al menos de dos partes: el consumidor y el proveedor. Los líderes políticos y militares de muchos países alientan con frecuencia la compra y el almacenamiento de armas principalmente debido a las comisiones ilegales que reciben de los proveedores. Al mismo tiempo, estas armas se utilizan a menudo para frutar los procesos democráticos y oprimir al pueblo. ¿Y qué países están detrás de la lucrativa industria armamentística?

El nuevo entorno político creado tras la Guerra Fría permite nuevas perspectivas y prioridades. Es imperativo que aprovechemos la oportunidad sin precedentes que ofrece el mundo para la paz. Los pueblos de todas las naciones, tanto ricos como pobres, se benefician cuando los recursos se redirigen de la guerra a la educación, el desarrollo, la salud, la protección del medio ambiente y la paz.

Debemos decidir si queremos que las calles de nuestro naciente vecindario global sean invadidas por armas y soldados hambrientos de poder, o si queremos establecer un pacto de paz para nuestra comunidad. Creo que nuestra seguridad futura reside en la desmilitarización, un proceso gradual que permita la transformación de una cultura de violencia a una de paz. Desmilitarizar significa reducir el papel de las fuerzas armadas y otras organizaciones militares para que trabajen exclusivamente con preocupaciones de defensa nacional.

Debemos decidir si queremos que las calles de nuestro naciente vecindario global sean invadidas por armas y soldados hambrientos de poder, o si queremos establecer un pacto de paz para nuestra comunidad. Creo que nuestra seguridad futura reside en la desmilitarización, un proceso gradual que permita la transformación de una cultura de violencia a una cultura de paz. Desmilitarizar significa reducir el papel de las fuerzas armadas y otras organizaciones militares para que trabajen exclusivamente con preocupaciones de defensa nacional. La desmilitarización implica la creación de definiciones más amplias de seguridad que van más allá de las connotaciones puramente militares para incluir conceptos como seguridad humana y seguridad duradera que, al centrarse en el bienestar individual y colectivo de nuestros ciudadanos, brindan un enfoque más humanitario a las cuestiones de seguridad. Desmilitarizar significa el descubrimiento de nuevos mecanismos multilaterales de seguridad colectiva que garanticen la soberanía nacional frente a amenazas externas y que permitan a las naciones reasignar recursos originalmente designados para fines de defensa a programas sociales y proyectos de desarrollo humano.

Desde hace muchos años propongo la creación de un fondo mundial de desmilitarización. En resumen, la idea es crear un fondo con contribuciones voluntarias resultantes de reducciones en el gasto militar que permita al mundo aprovechar los llamados dividendos de la paz.

Este fondo podría estimular la actual disminución del gasto militar vinculando la reducción del gasto militar a la consolidación de la paz mundial. Las naciones del mundo, tanto ricas como pobres, deberían comprometerse a reducir al menos el 3 % anual de su gasto militar. Las naciones ricas deberían entonces acordar destinar al menos una quinta parte de estos ahorros a un fondo de desmilitarización que esté bajo jurisdicción internacional. Los países en desarrollo también deberían aceptar contribuir con una fracción, quizás una décima parte, de estos ahorros a dicho fondo. De esta manera, una parte del dividendo de la paz de comprometería a promover la desmilitarización global. La cultura del militarismo es evidente en los estados totalitarios, pero oculta en las naciones supuestamente democráticas. Necesitamos, además un fondo global de desmilitarización, un proceso de transparencia para descubrir la corrupción en el gobierno, el narcotráfico y las transferencias de armas.

Al desmilitarizarnos, empoderamos las mentes y el potencial de nuestra gente en lugar de entrenarlos para apretar un gatillo o colocar una mina. Liberamos finalmente los problemas de la pobreza y la miseria. Entonces, ¿cómo podemos contribuir a la desmilitarización, a la defensa colectiva de la seguridad humana?

En primer lugar, exigimos que se reduzcan las ventas de armas y la ayuda militar. Cuando las naciones ricas venden o dan armas a las más pobres, perpetuamos la mentalidad obsoleta de la Guerra Fría basada en la competencia militar global. Aunque persisten algunas amenazas militares, creo que creamos más amenazas militares entre las naciones en desarrollo a través de la proliferación apoyada por las naciones industrializadas, que suministran una abrumadora mayoría de las armas recibidas y utilizadas en el mundo en desarrollo.

En segundo lugar, trabajamos para aliviar la carga de la deuda de los países que luchan por brindar seguridad humana a sus pueblos. Además de la entrada masiva de armas a los países emergentes, muchas de estas naciones del mundo en desarrollo se ven inundadas por pagos del servicio de la deuda que minan grandes porciones de su producto nacional bruto. Además, las Naciones Unidas deberían abogar por la condonación de la deuda bilateral de los países en desarrollo. Sin embargo, este tratamiento debería vincularse a la reinversión directa en esfuerzos prácticos de desmilitarización y proyectos que contribuyan a las necesidades humanas como la salud, la educación y la vivienda de bajo costo.

Por último, debemos revisar nuestro concepto de seguridad colectiva. Al porvenir de una nación pequeña y desarmada, entiendo como las naciones pequeñas y desmilitarizadas dependerán de la seguridad colectiva. Sin embargo, debemos mirar nuestros sistemas desde una nueva perspectiva, una que vea la paz y la seguridad internacional como la defensa de la dignidad humana además de la seguridad de las naciones y las fronteras.

Nuestro recurso más importante para lograr estos objetivos es el liderazgo. Se necesitan líderes con visión y coraje para guiarnos hacia un futuro esperanzador con su sinceridad y creatividad. Necesitamos líderes preocupados por un bien mayor, que puedan mirar más allá del bien personal, el bien nacional y el bien regional, no para complacer nuestros caprichos, sino para abrirnos los ojos a las realidades de los sacrificios que debemos hacer para lograr el futuro que queremos.

Un liderazgo honesto y fuerte es esencial para una paz duradera y valiosa. Debemos buscar las fortalezas del liderazgo en nosotros mismos y en nuestros hijos. Por eso siento la esperanza y alegría de ver a los jóvenes latinoamericanos prosperar en el campo de trabajo que han elegido, defendiendo la paz, los derechos humanos, la justicia, la libertad y combatiendo la desigualdad, como lo está haciendo Renan de Souza. El autor es un amigo confiable de la paz y un defensor inalcanzable de los derechos humanos de una nueva generación de jóvenes líderes en todo el mundo que proponen nuevas ideas sobre cómo abordar viejos desafíos internacionales conocidos.

Dotado de gran talento y capacidad de comunicación, Renan de Souza muestra en este libro una genuina curiosidad intelectual combinada con una extraordinaria capacidad para ir más allá de los acontecimientos históricos con una perspectiva profunda, holística e innovadora de la política y las relaciones internacionales con un excelente conocimiento de esos campos. La obra saca a la luz conceptos cruciales para entender la guerra y la paz. Precisamente, llamo la atención sobre la aplicación significativa de la seguridad humana en este libro.

La seguridad humana es una preocupación común. Es una necesidad que solo puede entenderse y satisfacerse en términos globales. No se puede garantizar en una región del mundo si se ignora en otras. Hoy en día las amenazas que pesan sobre estados e imperios individuales son amenazas que pesan sobre el mundo entero.

Las generaciones futuras tal vez miren nuestra vida pasada y se pregunten porqué estábamos tan decididos a luchar unos contra otros en lugar de unirnos para enfrentar las amenazas del hambre, intolerancia, y la codicia que amenazaban con destruirnos. Cuando examinen nuestros archivos y reliquias, las generaciones futuras verán que el destino nos había dado la oportunidad de vivir en una era extraordinaria, que tuvimos el privilegio de contar con una gran cantidad de información y oportunidades, que muchos de nosotros vivíamos en un paraíso pequeño, pero abundante. Al mismo tiempo, a nuestro alrededor hay un océano de miseria, conflictos, pobreza y violencia. La historia nos ha otorgado los recursos intelectuales y materiales necesarios para emprender una cruzada contra los males que aquejan a millones de seres humanos en todo el planeta.

Debemos trabajar para borrar los males que nos confunden y poner fin a las innumerables guerras que actualmente nos dividen. Debemos esforzarnos por hacerlo, y cuando las generaciones futuras miren hacia atrás y vean los productos de nuestro trabajo, no los verán con remordimientos y confusión, sino con júbilo, celebración y gratitud.

Amigos míos, es hora de separas nuestras espadas y abrazar nuestro futuro común. Es hora de la paz. Los invito a una amena libro de *Empresas militares privadas y la subcontratación de la guerra: reexaminar la lógica política hacia la paz.* ¡Espero que disfrutes este libro como yo!

Óscar Arias Sánchez
Expresidente de Costa Rica (1986-1990; 2006-2010)
Premio Nobel de la Paz (1987)

Biografía del Dr. Óscar Arias Sánchez

Óscar Arias Sánchez nació en San José, el 13 de septiembre de 1940. Completó sus estudios primarios en la escuela República Argentina en Heredia y los secundarios en el Liceo San Francisco de Moravia. Posteriormente estudió Derecho en la Universidad de Costa Rica y obtuvo su título de Doctor en Filosofía (por sus siglas en inglés PhD) en Ciencias políticas en la Universidad de Essex, Inglaterra. Luego de regresar a su país, se desempeñó como profesor de Ciencias políticas en la Universidad de Costa Rica y, desde entonces, ha estado vinculado a actividades académicas en algunas de las más prestigiosas universidades de Europa y Estados Unidos de América.

En 1970 fue llamado a la función pública por el presidente José Figueres Ferrer, quien lo designó ministro de planificación nacional y política económica, cargo que continuó ocupando en la administración del señor Daniel Oduber Quirós. A ese cargo renunció para aspirar a un puesto en la Asamblea legislativa, siendo elegido diputado en 1978.

Un año después, fue nombrado secretario general del Partido de Liberación Nacional (PLN). En 1984 fue elegido candidato a la Presidencia de la República para el período 1986 – 1990. Su triunfo electoral estuvo motivado por la promesa de luchar por la paz en Centroamérica, desbastado por sangrientos conflictos políticos y militares. Guatemala y El Salvador estaban inmersos en guerras civiles que se prolongaron durante mucho tiempo. Al mismo tiempo, la caída de la dictadura de la familia Somoza en Nicaragua y la posterior toma del poder por parte del Frente Sandinista de Liberación Nacional crearon en la región, un clima de confrontación que amenazaba con llegar a las fronteras de Costa Rica. A esto se sumó la intromisión ideológica y militar de la Unión Soviética y los Estados Unidos de América, superpotencias inmersas en el marco de la Guerra Fría.

Fue en este contexto que el Dr. Óscar Arias propone a los cinco presidentes de las repúblicas centroamericanas el Plan de Paz que lleva su nombre y que fue firmado en Guatemala en agosto de 1987. Este plan fue la base de una paz duradera y de un lento, pero inexorable proceso de democratización en la región centroamericana. En reconocimiento a sus esfuerzos el Comité Nobel de la Paz en 1987. Este galardón fue un apoyo invaluable para la consolidación de los procesos de paz en la región. El Dr. Arias utilizó las ganancias monetarias del premio para crear la Fundación Arias para la Paz y el Progreso Humano. Esta institución se ha dedicado a promover causas como la desmilitarización, el control de armas pequeñas y ligeras, la igualdad de género y la gobernabilidad democrática.

Después de varios años de mantenerse al margen de la política nacional, el Dr. Arias aceptó nominar su nombre, una vez más, para la campaña presidencial de 2005. Gracias a su compromiso de «volver a poner a Costa Rica en el camino», resultó electo presidente de la República para el periodo 2006 – 2010, convirtiéndose en el primer jefe de Estado galardonado con el Premio Nobel de la Paz en ser reelegido. Su segunda administración giró en torno a la lucha contra la pobreza, la ampliación del sistema educativo y la inserción de Costa Rica en los mercados internacionales, con la firma de Tratado de libre Comercio con los Estados Unidos de América, Centroamérica y República Dominicana, China, Singapur, Panamá y la Unión Europea, así como la apertura de monopolios estatales en seguros y telecomunicaciones. A nivel internacional, impulsó la aprobación del Tratado sobre el Comercio de Armas (TCA), iniciativa concebida por él y que fue aprobada por la Asamblea General de las Naciones Unidas en 2013. También impulsó el consenso de Costa Rica, un mecanismo para perdonar deudas y apoyar con recursos financieros globales a los países en desarrollo que invierten más en la protección del medio ambiente, salud, educación y la vivienda de sus pueblos, y menos en armas y soldados. Junto a estas causas, el presidente Arias impulsó una política exterior visionaria estableciendo relaciones diplomáticas con China, Cuba y varios países árabes moderados.

Entre las numerosas publicaciones del Dr. Arias se encuentran los siguientes libros: Con velas, timón y brújula (2010), Hagamos juntos el camino (2005), Horizontes de paz (1990), Frieden Für Zentralamerika, Paz para Centroamérica (1987), Nuevos rumbos para el desarrollo costarricense (1980), Los caminos para el desarrollo de Costa Rica (1977), Democracia, independencia y sociedad latinoamericana (1977), ¿Quién gobierna en Costa Rica? (1976), Grupos de presión en Costa Rica (1970), y Significado del movimiento estudiantil en Costa Rica (1970).

Oscar Arias ha recibido 90 doctorados de honor en diferentes universidades de los Estados Unidos de América, como Harvard, Princeton, Dartmouth, Washington University y Brandeis, así como de otras prestigiosas instituciones educativas, como la Universidad de Salamanca, en España; Bahcesehir, en Turquía; Yonsei, en Japón; Kyung Hu, en Corea del Sur; y Essex, en Inglaterra. También ha recibido numerosos premios, entre ellos el Premio de la Paz Martin Luther King Jr., La Medalla

Presidencial de la Libertad de Filadelfia, el Premio Jackson Ralston, el Premio Príncipe de Asturias, el Premio Humanitario Albert Schweitzer y el Premio de las Américas. Para él, sin embargo, no hay premio más importante que el inmenso amor que ha recibido de su pueblo.

La transformación de la guerra

Por la Dra. Jelena Aparac, conferenciante y consultora independiente, relatora presidenta del grupo de trabajo de la ONU sobre el uso de mercenarios[1].

La guerra y la economía siempre han estado conectadas a lo largo de la historia. El cambio de siglo marca una transformación profunda en la naturaleza de los conflictos en todo el mundo, con la multiplicación de conflictos asimétricos. Además, desde el final de la Guerra Fría, somos testigos del surgimiento de empresas multinacionales y de la creciente presencia de Empresas Militares Privadas (PMC, por sus siglas en inglés) en conflictos modernos. Las PMC suelen estar relacionadas con sus socios poderosos, incluidas empresas de extracción de recursos naturales e instituciones financieras privadas. La multiplicación de actores en la escena internacional ha hecho que las relaciones internacionales sean más complejas, especialmente en el contexto de la importante cuestión del acceso a la tierra, donde los dos enfoques, militar y económico, se complementan y mantienen la interdependencia centenaria entre la guerra y la economía.

Este oportuno estudio considera algunas de las cuestiones clave relacionadas con las guerras modernas y proporciona contribuciones útiles para comprenderlas mejor.

El ascenso de las EMSP durante las guerras de Irak y Afganistán a principios de la década de 2000 provocó fuertes reacciones por parte de la comunidad internacional, que culminaron con la adopción del Documento de Montreux en 2008 y el Código Internacional de Conducta para Proveedores de

---

[1] *Disclaimer*: Nada de lo contenido en este texto puede o debe atribuirse al grupo de trabajo de la ONU sobre mercenarios o a las Naciones Unidas. Todas las opiniones expresadas son únicamente personales.

Seguridad Privada (ICoCA) en 2010. Ambas iniciativas de múltiples partes interesadas brindan cierta orientación a los estados y las empresas (el ICoCA también se dirige directamente a las empresas), pero son de naturaleza voluntaria. La adopción de estos documentos dio la ilusión de que el fenómeno de la subcontratación de la guerra por parte de los Estados a empresas militares y de seguridad privada está de alguna manera regulado y bajo control. Una consecuencia problemática de esto es la falta de interés de los investigadores académicos y políticos, así como de los Estados, en las actividades de las EMSP. Debido a la ausencia de mecanismos de supervisión relacionados con las iniciativas voluntarias (esto está cambiando para la ICoCA), somos testigos de la proliferación de EMPS en todos los sectores de la gobernanza, incluso en tiempos de paz, cuando las EMSP brindan apoyo en la gestión de fronteras y las detenciones de gestión privada, centros de detención, incluida la detención de grupos vulnerables como inmigrantes y solicitantes de asilo, mujeres y menores no acompañados.

Las EMSP también tienen una variedad de clientes; la industria extractiva es una de las categorías de clientes más importantes, pero también grupos armados no estatales y otros actores no estatales que operan a través de redes legales o ilegales. El autor, como periodista internacionalista, está al día con las operaciones modernas de las EMSP y sus expansiones en sectores de actividades, tiempos de paz y conflicto y diversidad de clientes. El enfoque del autor de apartarse del análisis del orden internacional posterior a 1945 y analizar críticamente el lugar del individuo y el Estado en el sistema de seguridad internacional a través de conceptos como la seguridad humana, contribuye a algunos de los debates más importantes de la actualidad.

En los últimos meses, el asunto de los proveedores militares y de seguridad privados volvió a ser un tema de discusión en el marco internacional de paz y seguridad. El contexto de Libia, el conflicto en Nagorno Karabaj y la República Centroafricana arrojan luz sobre el surgimiento y el papel de las EMSP. Al abordar cuestiones como la desestabilización de la seguridad internacional por parte de las EMSP, el autor destaca la necesidad de reconsiderar el marco regulatorio internacional para abordar lagunas legales existentes. En abril de 2021, el grupo de trabajo intergubernamental de composición abierta inició las discusiones sobre la futura convención legal, y este libro es sin duda una contribución útil al diálogo y al proceso intergubernamental.

Es importante señalar que la ley solo puede resultar beneficiosa para abordar las EMSP si los asuntos sociales y económicos se abordan adecuadamente. El acceso a la tierra y a los recursos ha estado directamente relacionado con la proliferación de actores no estatales en los conflictos modernos, donde las EMSP desempeñan un papel importante. Mientras la guerra genere más ganancias que la paz, regular las EMSP será un desafío. El autor del libro proporciona elementos relevantes del debate, sugiriendo que, para abordar el proceso de paz, los responsables de las políticas deberían considerar primero adoptar una distribución igualitaria de las fuentes.

Finalmente, el autor llega oportunamente a las discusiones sobre la transformación de la guerra misma, sugiriendo que los conflictos armados contemporáneos enfrentan líneas definitorias borrosas entre guerra y paz. Al resaltar esta transformación crucial en la práctica, el autor plantea algunas consideraciones políticas clave sobre el concepto de guerra.

Se trata de un estudio muy valioso y oportuno, y hay que felicitar al Sr. De Souza por haber completado un libro tan gratificante.

Biografía de la Dra. Jelena Aparac

La Dra. Jelena Aparac es actualmente presidenta y relatora del grupo de trabajo de la ONU sobre mercenarios que tiene el mandato explícito de monitorear y estudiar los efectos de los mercenarios y las empresas militares y de seguridad privada (EMSP) en el disfrute de los derechos humanos. Es una profesional consumada con más de 15 años de experiencia en derechos humanos internacionales y derecho humanitario desde la perspectiva de operaciones de emergencia humanitaria, enseñanza académica, liderazgo y diseño de estrategias diplomáticas y formulación de políticas. La Dr. Aparac también tiene un doctorado en derecho público internacional. Su discurso se centró en «responsabilidad penal internacional de las corporaciones por crímenes internacionales cometidos en conflictos armados no internacionales», donde analizó el papel de la industria extractiva, las empresas militares y de seguridad privada y los bancos privados y su participación en las guerras civiles modernas. También tiene un magister en Leyes de la Academia de Derecho Internacional Humanitario y Derechos Humanos de Ginebra. Todas las opiniones expresadas son propias y no expresan una posición oficial del Grupo de Trabajo o de las Naciones Unidas.

Resumen

Las Compañías Militares Privadas (PMC) son un actor relativamente nuevo en la guerra mundial. Forman parte de una industria multimillonaria que genera más de 100 mil millones de dólares en ingresos al año. Presentes en 50 países diferentes e impulsadas por acontecimientos mundiales importantes, como el advenimiento de nuevas guerras, el orden posterior a la Guerra Fría y los ataques del 11 de septiembre, las PMC se convirtieron en una extensión y una capacidad estatal subcontratada para actuar represivamente. Estas empresas han crecido en habilidad, capacidad y habilidades tácticas y técnicas que les permiten librar guerras en nombre de los estados. Sin embargo, este crecimiento también representa un gran riesgo de desestabilización de la seguridad, la seguridad humana e incluso pequeños cambios en el orden internacional. Aunque las PMC aún no pueden librar guerras por sí mismas, la falta de regulación y rendición de cuentas conforme a las leyes internacionales les permite causar daños aislados, pero poderosos, que pueden desestabilizar, incluso momentáneamente, el sistema de seguridad global, principalmente cuando esas empresas son utilizadas por estadistas para superar políticas y costos públicos en las democracias. Además los PMC pueden ser utilizados por Estados rebeldes o fallidos. El caso Blackwater, en Irak, enseñó al mundo como la seguridad humana puede verse amenazada cuando una empresa con fines de lucro incorpora una cultura militar influyente. Los investigadores y académicos todavía están evaluando las lecciones de Irak y el funcionamiento de futuras empresas para clasificar la posición de las PMC en un futuro en el que los ejércitos nacionales se reduzcan. Por otro lado, este libro plantea la pregunta: ¿cómo puede lograrse la paz en el mundo actual, si la guerra es tan rentable y factible para algunos líderes mundiales? Por ello, la investigación profundiza en los conceptos de paz y guerra. Basándose en investigaciones anteriores, el autor sostiene que la paz solo se puede lograr cuando se adopta el concepto de paz positiva. El significado de este pensamiento encarna la distribución igualitaria de poder, los recursos y la justicia para todos. Estas son las condiciones principales para que se produzca la paz en una sociedad global donde la guerra es un escenario permanente de la realidad. Este trabajo también centra sus análisis en el surgimiento de emergencias políticas complejas, nuevas guerras y nuevas dinámicas globales entre estados y actores no estatales. Mirando al mundo, este libro profundiza en el tema analizando el caso empírico de Afganistán en la lucha por la paz. La realidad del país también implica un plan de paz integral que abarque la nueva economía política generada por la guerra y el papel crucial de las mujeres en la sociedad en la era posterior a la invasión estadounidense. Este libro explora como las tácticas y el pensamiento de militares anticuados no ha podido alcanzar la paz en Afganistán.

Palabras clave: Sistema de seguridad internacional; PMC; Blackwater; Orden internacional; Teoría de la paz democrática, paz positiva, guerras nuevas.

1. Introducción

Las Empresas Militares Privadas (PMC en su abreviación en inglés) se han convertido en un negocio multimillonario altamente rentable al subcontratar las capacidades y funcionalidades de algunos estados en términos de guerra, logística y sus ramificaciones. Las PMC están presentes en 50 países[2] diferentes en todos los continentes. Los estudios han demostrado que, en 2003,

---

[2] Singer, P. Corporate Warriors - The Rise of The Privatized Military Industry. (Ithaca, N.Y.: Cornell University Press, 2008).

los ingresos de la industria superaron los 100 mil millones de dólares al año. Algunos analistas abogan por la privatización de la guerra, mientras que otros han expresado su preocupación por las operaciones de las PMC en todo el mundo. Estos factores preocupantes pueden variar desde falta de transparencia, rendición de cuentas, incumplimiento del derecho y los tratados internacionales, amenazas a la soberanía de los Estados y socavamiento de las democracias en todo el mundo y, en última instancia, cambios en la estabilidad de la seguridad dentro de los Estados y conflictos regionales.

Debido a esta falta de regulación sobre las Empresas Militares Privadas y la brecha donde operan, la primera parte de este libro, denominado *Las empresas militares privadas y la externalización de la guerra*, se centrará en si esos factores (pero no limitados a ellos) plasmaron con las PMC pueden generar cualquier chispa de desestabilización dentro del sistema de seguridad internacional (seguridad global). Se estudiará la perspectiva de las PMC que entrar en conflicto con el principio básico del monopolio estatal sobre la violencia, ya que estas empresas están orientadas a los negocios y no son una entidad estatal y pueden dar lugar a cierta inconformidad cuando se despliegan, generando amenazas a la seguridad.

Una vez esbozada la afirmación principal, la primera parte de este libro se dividirá en tres temas. El primero está dedicado a explicar el carácter cambiante de la guerra y discutir los matices entre los viejos y los nuevos conflictos en la literatura, creando un terreno fértil para las PMC. Además, abordará la privatización y la subcontratación de la guerra y mostrará las cifras más recientes de esta industria, ofreciendo una imagen clara del escenario actual en el mundo que será analizado. A continuación, el subtema abordará el sistema de seguridad internacional. La idea es explorar el concepto controvertido de seguridad en los Estudios Críticos de Seguridad, el papel del Estado, el orden internacional, la emancipación y la seguridad humana para presentar el entorno propuesto por este libro. Además, este tema distinguirá con una lente de análisis diferente la posibilidad de mirar en distintas capas al objeto referente planteando dos posibilidades de seguridad: a los estados o a los individuos. En este caso, la idea también es explorar el orden internacional posterior a 1945.

El segundo tema discutirá y presentará el marco conceptual de términos cruciales trabajados en esta pieza que conducirán a la etapa actual de análisis. El primer término que se introduce es seguridad, seguido de Empresas Militares Privadas, la «relación diente-cola» (RCA) en la operación militar y la discusión de la cadena de suministro en entornos compuestos, logísticos y bélicos, y su relación con terceros en países en los países contratistas. Este tema también discutirá los conceptos de paz democrática y guerra asocial.

La última parte se dedicará a realizar un análisis en profundidad de las Compañías Militares Privadas utilizando como referencia el caso de estudio de Blackwater. Se utilizaron documentos publicados por Estados Unidos sobre ese caso, cobertura mediática, informes, libros e interpretaciones de analistas internacionales para explorar el caso emblemático de la operación Blackwater en Irak como fuente de desestabilización en un conflicto.

En la segunda mitad de este artículo, la justificación hacia la paz será el foco principal del trabajo. En la sección titulada «Reexaminar la lógica política hacia la paz», este libro argumentará que la paz solo puede lograrse cuando se produce una paz positiva, una vez que la guerra ha demostrado ser tan rentable. Por lo tanto, la distribución igualitaria el poder, los recursos y la justicia para todos es una condición primordial para que se logre la paz.

Por otro lado, la guerra es ciertamente rentable, como se explorará en los temas sobre las PMC. Según la Oficina de las Naciones Unidas contra la Droga y el Delito (ONUDD), la producción ilegal de opio por parte de los talibanes en Afganistán aumento un 63 % solo en 2017, generando ganancias de hasta 6600 millones de dólares y representando el 32 % del PIB del país. Los grupos terroristas, como el llamado Estado Islámico, ganaron 1200 millones de dólares con actividades criminales solo en 2015.[3] Como lo demuestran las cifras, los grupos rebeldes o incluso las organizaciones terroristas se han beneficiado enormemente de la guerra, haciéndola rentable, como lo demuestran las cifras. Por lo tanto, este libro argumentará que la paz ha sido concebida principalmente como una paz global negativa, lo que significa puramente ausencia de guerra. Por lo tanto, en este escenario, no puede lograrse una paz que abarque perspectivas económicas, sociales, culturales, políticas y humanitarias. El resultado son agravios, injusticia y desigualdad.

La última sección de esta pieza se atendrá a la idea de que el concepto de guerra se ha desviado del pensamiento Clausewitziano de la «la guerra como una mera continuación de la política por otros medios» a un concepto de nuevas guerras que incluso desafían las zonas de guerra y zonas de paz.[4] Por lo tanto, muy a menudo los Estados y los líderes políticos han malinterpretado este cambio crucial.

Partiendo de esta perspectiva, el último tema que se reexaminará en este libro se dividirá en tres unidades. El primero se centrará en conceptualizar las distinciones entre «guerra» y «paz» a través de las perspectivas de Galtung y Clausewitz. El segundo tema abordará la naturaleza cambiante del conflicto que pasa por el surgimiento de emergencias políticas complejas, nuevas guerras y relaciones entre estados y actores no estatales. La tercera sección analizara el caso empírico de Afganistán en una lucha por la paz y su relación con la economía política generada a partir de la guerra y las mujeres en la sociedad. El capítulo expondrá como las viejas tácticas militares han fracaso al intentar poner fin a esta guerra.

---

[3] Blannin, P. (2017). Islamic State's Financing: Sources, Methods and Utilisation. Counter Terrorist Trends and Analyses, 9(5), 13.

[4] Kaldor, M. (2001). New & Old Wars - Organised Violence in a Global Era. 1st ed. Cambridge: Polity Press, 110.

Compañías militares privadas y la subcontratación de la guerra

2. La transformación de la guerra como terreno fértil para las PMC

Las compañías militares privadas (PMC) son el resultado de las dinámicas y características cambiantes de la guerra a lo largo de la historia. Comprender sus operaciones implica también comprender las viejas y las nuevas guerras. Aunque sus causas, orígenes y motivos u objetivos son fuentes de controversia y discusión entre los académicos, no existe consenso sobre estos temas.

Sin embargo, son muchos los estudiosos que arrojan luz sobre el final de la Guerra Fría como un punto de inflexión en términos de guerra, representado por el declive de las guerras interestatales y el aumento de las guerras civiles por competencia étnica y actividades criminales o ilegales. Esta nueva guerra es fundamentalmente diferente de su predecesora, caracterizada como más criminal, privada y predatoria.[5] Mientras que las viejas guerras, que ocurrieron en la era anterior a la Guerra Fría, generalmente se destacan como más ideológicas, políticas y colectivas.[6] En conjunto, es importante resaltar las diferencias, teniendo en cuenta que también hay algunos términos clave para diferenciar las desigualdades entre las guerras. En la antigua guerra civil, las causas se centraron en agravios colectivos con apoyo popular integral y violencia controlada. Por otro lado, las nuevas guerras civiles se centran en el saqueo privado, la ganancia y la avaricia con una falta de apoyo popular y están marcadas por una violencia gratuita propagada por milicias, ejércitos privados y señores de la guerra independientes. Para estos personajes, ganar puede no ser el objetivo principal de un conflicto.[7]

---

[5] S. Kalyvas. "New" And "Old" Civil Wars: A Valid Distinction? World Politics, 54(1), 2001, 99.

[6] S. Kalyvas. "New" And "Old" Civil Wars: A Valid Distinction? World Politics, 54(1), 2001, 99 et. seq.

[7] S. Kalyvas. "New" And "Old" Civil Wars: A Valid Distinction? World Politics, 54(1), 2001, 99 et. seq.

Como escribió Kaldor[8] las diferencias están en los actores: la antigua guerra fue librada por ejércitos de estados regulares, y las nuevas se enfrentan a una combinación de actores estatales y no estatales, como fuerzas armadas regulares, contratistas de seguridad privados, mercenarios, yihadistas, señores de la guerra, y paramilitares. Se pone énfasis en los objetivos: la antigua guerra se libró por intereses o ideología geopolítica, y las nuevas guerras se libran por identidades éticas, religiosas o tribales. También debemos mencionar los métodos: en la antigua guerra, las batallas resultaban decisivas en la conquista de territorios, sin embargo, en las nuevas guerras, las batallas son raras y el territorio se captura por medios políticos o por control de la población. Es el caso de Crimea, anexada por Rusia en marzo de 2014 y reclamada como parte de la Federación, con sus instituciones y administración ya incrustada en esta península ucraniana.[9]

Se plantean cuestiones relativas a las formas de financiación: mientras que los Estados financiaron ampliamente las viejas guerras, las nuevas guerras se financian mediante saqueos y robos, impuestos a la ayuda humanitaria, secuestros, petróleo, diamantes, drogas y contrabando de personas.[10]

Sin embargo, algunos académicos sostienen que la dicotomía entre nuevas y viejas guerras civiles tiende a estar ideologizada, sesgada o basada en información incompleta.[11] Además, no hay evidencia de que los conflictos recientes sean más violentos o presenten un alto nivel de atrocidad que cause víctimas humanas.[12] Después de ofrecer la adopción generalizada de características utilizadas para definir y describir los conflictos civiles

---

[8] M. Kaldor. In Defence of New Wars. (Stability: International Journal of Security and Development, 2(1), 2013).

[9] General Assembly resolution 68/262, Territorial Integrity of Ukraine. (A/RES/68/262, March 2014).

[10] M. Kaldor. In Defence of New Wars. (Stability: International Journal of Security and Development, 2(1), 2013).

[11] S. Kalyvas. "New" And "Old" Civil Wars: A Valid Distinction? (World Politics, 54(1), 2001) 99 et seq.

[12] S. Malešević. The Sociology of New Wars? Assessing the Causes and Objectives of Contemporary Violent Conflicts. (International Political Sociology, 2(2), 2008) 99.

anteriores y posteriores a la Guerra Fría, Kalyvas[13] señala su crítica hacia los analistas de las guerras civiles contemporáneas. Según él, esto sigue basándose en tergiversaciones producidas durante el periodo de las antiguas guerras civiles. Para Kalyvas,[14] esas teorías sobre las guerras nuevas y viejas deberían basarse en una investigación en profundidad, una observación a largo plazo y una reconstrucción etnográfica.

Por otro lado, defendiendo el concepto de una nueva guerra, Kaldor[15] expresa que el término «nueva» debe interpretarse como una estrategia de investigación y una guía para la formulación de políticas que proporcione un marco para el análisis. Este libro arroja luz sobre la visión de Kaldor de describir los conflictos de la década de 1990 como «nuevos», ofreciendo un cambio sobre como investigar estos conflictos y la forma en que los operadores y legisladores los perciben. Por lo tanto, comprender las operaciones de las PMC también implica contextualizarlas dentro del entorno de la nueva guerra. Al definir las nuevas guerras, también sugiere que ocurren en un lugar donde los regímenes autoritarios están debilitando. En estos lugares, el discernimiento entre Estado y no Estado, público y privado, externo e interno, económico y político e incluso guerra y paz se está desvaneciendo y, al mismo tiempo, son causa y consecuencia de la violencia en un entorno de globalización y tecnología. Por lo tanto, la exclusión de ciertos actores de la competencia a nivel global debilita la economía del Estado y su capacidad para producir ingresos, lo que lleva a una corrupción sistemática, criminalidad y, en última instancia, a la privatización de la violencia.[16]

---

[13] S. Kalyvas. "New" And "Old" Civil Wars: A Valid Distinction? (World Politics, 54(1), 2001) 99 et seq.

[14] S. Kalyvas. "New" And "Old" Civil Wars: A Valid Distinction? (World Politics, 54(1), 2001) 99 et seq.

[15] M. Kaldor. In Defence of New Wars. (Stability: International Journal of Security and Development, 2(1), 2013).

[16] S. Malešević. The Sociology of New Wars? Assessing the Causes and Objectives of Contemporary Violent Conflicts. (International Political Sociology, 2(2), 2008) 100.

A partir de esta perspectiva, Malešević[17] se centra en un tema esencial para evaluar las causas estructurales del cambio de propósito y orígenes de la guerra contemporánea. Al abordar críticamente la teoría de las nuevas guerras, Malešević[18] afirma que tanto los conflictos civiles como los interestatales están en declive desde principios de los años noventa. Por lo tanto, afirmar que las nuevas guerras son una proliferación puede no ser exacto a partir de este pensamiento, pero es preciso decir que las nuevas guerras surgen cuando la lógica de la proliferación nuclear se debilita.

Según Malešević[19] junto con las nuevas guerras también surgió la confianza en la tecnología y el ciclo de transferencia de riesgos de los políticos electos al personal militar, de estos al combatiente enemigo y a sus civiles. La beligerancia que provocan las nuevas guerras no requiere movilización popular. En cambio, depende indirectamente de los medios de comunicación para lograr un apoyo pasivo que neutralice la vigilancia electoral. Sin embargo, esta herramienta la juega casi en su totalidad Estados Unidos, un auténtico imperio militar presente en 153 países de todo el mundo. Tiene capacidades técnicas para imponer sus voluntades militares en todo el mundo y presión coercitiva sobre gobiernos que no cooperan, como el gobierno de Irán y Venezuela. Aun así, esta revolución en los asuntos militares cambio las causas y objetivos de la guerra.[20]

El análisis de Malešević nos lleva a un debate clave: la transformación de la guerra. Como afirma Heng,[21] la guerra ha cambiado sustancialmente. No solo debido a la globalización, el fin

[17] S. Malešević. The Sociology of New Wars? Assessing the Causes and Objectives of Contemporary Violent Conflicts. (International Political Sociology, 2(2), 2008) 99.

[18] S. Malešević. The Sociology of New Wars? Assessing the Causes and Objectives of Contemporary Violent Conflicts. (International Political Sociology, 2(2), 2008) 99.

[19] S. Malešević. The Sociology of New Wars? Assessing the Causes and Objectives of Contemporary Violent Conflicts. (International Political Sociology, 2(2), 2008) 102.

[20] S. Malešević. The Sociology of New Wars? Assessing the Causes and Objectives of Contemporary Violent Conflicts. (International Political Sociology, 2(2), 2008) 109.

[21] Y. Heng. The 'Transformation of War' Debate: Through the Looking Glass of Ulrich Beck's World Risk Society. (International Relations, 20(1),2006) 70 et seq.

de la Guerra Fría o los propios cambios sociales, sino que se han añadido cuestiones complejas a la agenda de seguridad y han adquirido una nueva dimensión impulsadas por la globalización. La guerra es un movimiento dinámico e involucra diferentes manifestaciones y formas. Comprender los fenómenos bélicos abarca comprender la idea cada vez mayor de gestión de riesgos globales. Según la definición de riesgo, no se trata solo del concepto de una situación potencialmente peligrosa, sino también de un cálculo proactivo que anticipa escenarios.

Por lo tanto, la globalización exagera los riesgos preexistentes y aumenta la conciencia de la vulnerabilidad del impacto en eventos distantes y, en última instancia, influye en las decisiones de los responsables de las políticas.[22]

En este escenario, la guerra puede alcanzar nuevos niveles y posibilidades inexploradas antes. Una de estas plausibilidades es la privatización de la guerra, mediante la simple extensión de un sistema hegemónico. Por su simplicidad, tal proceso podría, de hecho, parecer la hipótesis más probable a la luz de la omnipresencia del derecho estadounidense.[23] Del mismo modo, en la Guerra Fría, los ataques del 11 de septiembre también elevaron el listón para una nueva forma de amenaza, autonomía, resistencia y violencia organizada.

En la oposición hay un régimen de seguridad internacional que opera apoyando en diversas formas de trabajo en red público-privado tratando de brindar asistencia humanitaria, reducir vulnerabilidades, resolver conflictos y fortalecer capacidades de los actores civiles.[24]

---

[22] Y. Heng. The 'Transformation of War' Debate: Through the Looking Glass of Ulrich Beck's World Risk Society. (International Relations, 20(1),2006) 75.

[23] Mireille Delmas-Marty. Ordering Pluralism: A Conceptual Framework for Understanding the Transnational Legal World. (Oxford, and Portland, Oregon: Hart Publishing, 2009) 17.

[24] Duffield, M. War as A Network Enterprise: The New Security Terrain And Its Implications. (Cultural Values, 6(1-2) 2002) 153 et seq.

Por lo tanto, la guerra en red, tal como la conceptualiza Duffield,[25] está vinculada a los cambios contemporáneos en el ethos de la vida social. En este caso particular, los cambios se dan en la estructura organizativa del capitalismo, la nueva fase de la globalización y la arquitectura de los Estados. Por lo tanto, como resultado en este contexto, la violencia organizada, que alguna vez fue monopolio de los estados, se ha expandido hasta convertirse en un complejo sistema en red de actores estatales y no estatales. Además, se han privatizado las modalidades de la violencia organizada.[26]

La privatización de la guerra en los asuntos militares, que ha cobrado impulso desde la década de 1990, es descrita por los académicos como un ejemplo del progreso victorioso de las estrategias neoliberales de privatización contra la lógica anterior de que los Estados monopolizaran responsabilidades sin generar resultados rentables. Por lo tanto, los servicios proporcionados por actores privados se han vuelto indispensables para la capacidad de algunos estados de actuar militarmente a nivel mundial, por ejemplo, en el caso de una superpotencia como los Estados Unidos de América.[27]

Hasta 2003, las empresas privadas eran los segundos contribuyentes más destacados a las fuerzas de la coalición en la guerra de Irak después del Pentágono, con 10 000 contratistas militares privados sobre el terreno, superando a unos 9900 soldados británicos. Se cree que ese mismo año Estados Unidos gastó 30 mil millones de dólares en contratos con empresas privadas. Además, la mitad de las docenas de estas empresas privadas en Irak eran empresas del Reino Unido.[28] El contexto intrínseco ha llevado a una etapa actual en la que el ejército estadounidense no

[25] Duffield, M. War as A Network Enterprise: The New Security Terrain And Its Implications. (Cultural Values, 6(1-2) 2002) 154.

[26] Duffield, M. War as A Network Enterprise: The New Security Terrain And Its Implications. (Cultural Values, 6(1-2) 2002) 158.

[27] H. Strachan, A. Herberg-Rothe, and H. Münkler, H. Clausewitz In The Twenty-First Century. (Oxford: Oxford University Press, 2007) 220.

[28] I. Traynor. Special Investigation: The Privatisation of War. (The Guardian, 2019).

podría conservar su capacidad de actuar sin el apoyo y los servicios de empresas militares privadas.[29] Los informes también sugieren que hay hasta 10 000 soldados de las PMC en toda África. El gasto global total en seguridad privada ha alcanzado los 274 mil millones de dólares, más de cinco veces el presupuesto de defensa del Reino Unido: el país es uno de los principales actores de la industria militar privada.[30]

El escenario actual desafía incluso las teorías clásicas de Clausewitz sobre la guerra debido a los cambios fundamentales de los conflictos en los últimos años.

La guerra ya no sigue la confrontación simétrica entre estados. En cambio, hay sub-Estados y actores privados que ya no luchan por lograr el orden político, sino por asegurar ingresos rentables.[31]

Argumentando que la conocida frase de Clausewitz de que la guerra es «una mera continuación de la política por otros medios»[32] se ha vuelto obsoleta, Strachan, Herberg-Rothe y Münkler[33] afirman que las guerras mutan desde el interior de las sociedades hasta convertirse en conflictos transnacionales, es decir, una hibrido de guerra interestatal y civil, en el que es difícil establecer la voluntad política de las partes involucradas. Sin embargo, es posible afirmar que la teoría original de Clausewitz de que «la guerra, por tanto, es un acto de violencia destinado a obligar a nuestro oponente a cumplir nuestra voluntad»[34] sigue siendo aplicable, incluso si se ha celebrado alguna batalla de confrontación simétrica entre dos adversarios igualmente equipados reemplazado por la masacre y el uso asimétrico de la

---

[29] H. Strachan, A. Herberg-Rothe, and H. Münkler, H. Clausewitz In The Twenty-First Century. (Oxford: Oxford University Press, 2007) 220.

[30] T. Tahir. How World's Next Global Power Could Be A Private Army of Mercenaries. (The Sun, 2019).

[31] H. Strachan, A. Herberg-Rothe, and H. Münkler, H. Clausewitz In The Twenty-First Century. (Oxford: Oxford University Press, 2007) 229.

[32] C. Clausewitz. On War. (London: K. Paul, Trench, Trubner, 1918)

[33] H. Strachan, A. Herberg-Rothe, and H. Münkler, H. Clausewitz In The Twenty-First Century. (Oxford: Oxford University Press, 2007) 229.

[34] C. Clausewitz. On War. (London: K. Paul, Trench, Trubner, 1918).

violencia por parte de actores completamente diferentes.[35] Un ejemplo de esto es el episodio del 11 de septiembre, cuando los terroristas utilizaron la violencia para cumplir su voluntad de obligar a su adversario, los Estados Unidos de América, a retirar su presencia militar, económica y cultural en los países árabes-islámicos. Sabiendo que la superioridad militar de Estados Unidos haría imposible un enfrentamiento simétrico, los combatientes de Al Qaeda optaron por una lucha asimétrica, utilizando aviones comerciales de pasajeros como armas para atacar a la mayor potencia militar del planeta, causando la muerte de miles de personas.

Mirando hacia el pasado, Strachan, Herberg-Rothe y Münkler[36] señalan que el control total de los asuntos militares y la monopolización de la guerra marcaron el comienzo de los estados en ascenso. Por otro lado, la pérdida del monopolio y la creciente privatización de la guerra podrían conducir no a la decadencia del Estado, sino posiblemente a su fin. En el pasado, el control de los asuntos militares y la guerra fue el elemento central del orden en Europa después de la Guerra de los Treinta años (1618-1648). Hasta hoy, el monopolio de la violencia legítima es el núcleo del orden estatal. Esta reflexión confluye en la línea de investigación de este autor sobre si las PMC pudieran afectar al actual sistema de seguridad internacional y, por ende, al orden. Por lo tanto, el siguiente tema explorará los matices del orden internacional y el sistema de seguridad global.

---

[35] H. Strachan, A. Herberg-Rothe, and H. Münkler, H. Clausewitz In The Twenty-First Century. (Oxford: Oxford University Press, 2007) 229.

[36] H. Strachan, A. Herberg-Rothe, and H. Münkler, H. Clausewitz In The Twenty-First Century. (Oxford: Oxford University Press, 2007) 229.

2.1 Seguridad internacional: una mirada al objeto referente. ¿Estados o individuos?

El concepto de guerra ha ido cambiando a lo largo de la historia hasta llegar al terreno actual definido por algún estudioso como «nueva guerra». Por lo tanto, es necesario ampliar la comprensión del sistema en el que operan las llamadas «nuevas guerras».

Esta investigación pretende arrojar luz sobre el concepto de seguridad tan controvertido, aunque existen muchas interpretaciones, desacuerdos y un intenso debate en el ámbito académico en torno a este tema entre quienes quieren ampliar o profundizar la idea de seguridad. Sin embargo, como los ataques terroristas del 11 de septiembre cambiaron las reglas del juego en términos de guerra, el mismo nuevo paradigma se aplica al concepto de seguridad. Esto se debe a que el hecho de que la mayoría de las teorías clásicas sobre seguridad fracasaron u ofrecieron una explicación limitada sobre tal evento, no se caracterizó en los patrones explicativos de dichas teorías. Por tanto, es necesario analizar la seguridad con diferentes lentes.

Buzan[37] escribió que la seguridad requiere algunos niveles significativos de análisis y sectores temáticos abordados por los estudios internacionales. Además, el concepto e seguridad acerca esos niveles y sectores creando una perspectiva integradora de una seguridad individual, nacional y global, y de una seguridad militar, política, social (concepto desarrollado a principios de los años 1990), económica y ambiental. Según Booth y Smith,[38] el de Buzan representó una mejora en términos del nivel de análisis de la seguridad, ya que discutió los cambios en el entorno político que enfrentaron los estados a principios de la década de 1980 y también el papel de los individuos como grado de análisis. Sin

---

[37] B. Buzan. People, States & Fear: An Agenda for International Security Studies in the Post-Cold War Era. (2nd Ed. Colchester: Ecpr Press, 2007) 283.

[38] K. Booth; S. Smith. Critical Security Studies and World Politics. (Boulder, Colo.: Lynne Rienner Publishers.

embargo, aun así, Buzan se centró en el Estado como el principal objeto de estudio de referencia, ya que se sitúa entre el nivel subestatal de seguridad y la dinámica de su funcionamiento dentro del sistema internacional.[39]

Si bien el relato de Buzan sobre la seguridad sirve para explicar los acontecimientos planteados tras el 11 de septiembre, no sirve para dilucidar los hechos posteriores a los ataques terroristas. Al analizar el trabajo de Buzan, Booth y Smith[40] criticaron su enfoque en el Estado en lugar de los individuos como objeto de referencia. Para los académicos, los Estados no son confiables como referencia principal de análisis, ya que no todos están involucrados en el negocio de la seguridad (interna y externa). Entre los productores de seguridad, representa el medio y no el fin. Finalmente, los estados son notablemente diversos en sus características para servir como base para una teoría integral de la seguridad.

Ayoob[41] divide el grado de análisis en estados desarrollados y subdesarrollados. En su opinión, existe un patrón crucial diferente entre los Estados del Tercer Mundo y los países desarrollados occidentales cuando se trata de entender la seguridad. Según él, en este caso hay dos variables distintas: el proceso de formación de los Estados del tercer mundo en comparación con los Estados desarrollados.

También hay diferencias en los patrones de reclutamiento de elites, establecimiento y mantenimiento de regímenes en los estados del tercer mundo en comparación con el mundo desarrollado. Mientras que las preocupaciones de seguridad de las naciones desarrolladas dedicadas al sistema internacional, Ayoob[42] señala que, en los Estados del tercer mundo, el desarrollo tardío

---

[39] K. Booth; S. Smith. Critical Security Studies and World Politics. (Boulder, Colo.: Lynne Rienner Publishers. 32

[40] K. Booth; S. Smith. Critical Security Studies and World Politics. (Boulder, Colo.: Lynne Rienner Publishers. 33.

[41] M. Ayoob. Security in The Third World: The Worm About to Turn? International Affairs, 60(1) (1983) 44 et seq.

[42] M. Ayoob. Security in The Third World: The Worm About to Turn? International Affairs, 60(1) (1983) 45.

y el proceso de descolonización retrasado resultaron en una falta de legitimidad en esos países. Además, también ilumina el bajo nivel de consenso político y social que lograron lo estados europeos hace siglos a través de revoluciones y guerra internas. Por lo tanto, esas divisiones dentro de la estructura social de los Estados del tercer mundo han exacerbado el nivel y la intensidad de las amenazas internas a las estructuras estatales.

Sin embargo, según Booth y Smith,[43] las opiniones de Ayoob retratan al Estado como la opción menos mala para las naciones del tercer mundo. Sin embargo, en esa parte del mundo, el Estado es la principal fuente de amenaza a la seguridad de las sociedades y las poblaciones. Como lo destacó Posner[44] sobre Brasil, donde la policía combate el crimen, mantiene el orden o promueve sus propios intereses mediante ejecuciones extrajudiciales.

A pesar de que la teoría puede ofrecer una explicación limitada en el caso de Estados Unidos, donde la policía regional es mundialmente conocida por enfoques abusivos y violentos contra la comunidad afroamericana, su aplicación revela importantes matices. Un claro ejemplo de este fenómeno fue el caso de George Floyd, un afroamericano asesinado por estrangulamiento a manos de la policía en Minneapolis, en 2020. Con el avance de la tecnología en la era de los *smartphones*, la escena fue captada por peatones. Las imágenes recorrieron el mundo y generaron una conmoción global, con protestas, demandas de justicia y cuestionamientos sobre el papel ambiguo de la policía en la seguridad de los individuos, especialmente aquellos de ascendencia africana.

Al observar los estudios críticos de seguridad, es posible encontrar una crítica y una alternativa coherente y más sostenida a los estudios de seguridad tradicionales. Los estudios críticos de seguridad son explícitamente un rechazo del realismo sin

---

[43] K. Booth; S. Smith. Critical Security Studies and World Politics. (Boulder, Colo.: Lynne Rienner Publishers. 45.

[44] Eric Posner. The Twilight of Human Rights Law. (Oxford: Oxford University Press, 2014) 2.

generar una teoría alternativa. Más bien, se plantea como una alternativa al realismo, permitiendo una perspectiva más amplia de los estudios de seguridad.[45]

Una cuestión clave para el enfoque crítico de la seguridad es el concepto de emancipación. Como señaló Booth,[46] la fuente mundial de amenazas al bienestar de los individuos y los intereses de las naciones no solo deriva de los asuntos militares, sino también del colapso económico, la opresión política, la escasez, la superpoblación, la rivalidad étnica, la destrucción de la naturaleza, el terrorismo, crimen y enfermedad. Por lo tanto, en esas situaciones, las personas se ven más amenazadas por las políticas imprudentes de su gobierno que por alguna fuerza externa. Booth[47] también ofrece pensamientos esclarecedores, en un escenario tan complejo de múltiples fuentes de amenaza, al decir que el orden en los asuntos mundiales depende al menos de niveles mínimos de justicia política y social.

Por tanto, el concepto de emancipación entra en este contexto. Su objetivo es liberar a las personas (como individuos y frutos) de esa coerción física y humana que les impide realizar lo que libremente elegirían.[48] Para este autor, la emancipación, teatralmente, es seguridad y logro de una seguridad estable/verdadera que solo puede encontrar personas y grupos si no privan a otros también de ella.

Por lo tanto, comprender el debate dentro del controvertido concepto de seguridad implica también pasar por una gama diferente de marcos de análisis, como los estudios feministas de seguridad.

El trabajo feminista se centra en la seguridad como un supuesto intrínsecamente de género de las relaciones internacionales tradicionales. La afirmación central es que las relaciones

---

[45] K. Booth; S. Smith. Critical Security Studies and World Politics. (Boulder, Colo.: Lynne Rienner Publishers. 45.

[46] K. Booth. Security and Emancipation. (Review of International Studies, 17(4) 1991. 318.

[47] K. Booth. Security and Emancipation. (Review of International Studies, 17(4) 1991. 319.

[48] K. Booth. Security and Emancipation. (Review of International Studies, 17(4) 1991. 319.

internacionales están sistemáticamente marcadas por el género en sus consecuencias, formas de identidad y subjetividad, y que la disciplina es ciega al género. Por lo tanto, si las definiciones de seguridad se amplían para abarcar cuestiones económicas y ambientales, como se exploró anteriormente en esta investigación, entonces también se debe abordar la agenda de seguridad de las mujeres.[49]

En una crítica a las Relaciones Internacionales en Estados Unidos, Tickner[50] afirma que la disciplina ha sido profundamente influenciada por la teoría de la elección racional, que da forma a los comportamientos de los individuos en el mercado. El problema es que la práctica es más propia de hombres que de mujeres. En este sentido, la guerra y la seguridad nacional han sido áreas en las que las mujeres tienen poco que decir.

En comparación con la teoría internacional, que percibe al Estado como un actor racional unitario dentro de las relaciones interestatales, la teoría feminista es sociológica. Tiene sus explicaciones de los vínculos sociales, especialmente las relaciones de género, que parten del individuo incrustado en estructuras sociales, políticas y económicas jerárquicas. Este marco de análisis lo convierte en una teoría normativa y emancipadora que logra lo que las feministas llamaron «conocimiento práctico», el conocimiento proveniente de las prácticas cotidianas de la vida de las personas.[51] En este sentido, las feministas unen sus voces con los estudiosos críticos de la seguridad, como lo argumenta Booth, en la búsqueda de una agenda emancipadora.[52]

La crítica feminista apunta hacia una conceptualización diferente de la seguridad. Como sostienen Booth y Smith,[53] solo

---

[49] K. Booth; S. Smith. Critical Security Studies and World Politics. (Boulder, Colo.: Lynne Rienner Publishers, 2005) 45.

[50] J. Tickner. Feminist Responses to International Security Studies. (Peace Review, 16(1), 2004) 44 et seq.

[51] J. Tickner. Feminist Responses to International Security Studies. (Peace Review, 16(1), 2004) 45.

[52] J. Tickner. Feminist Responses to International Security Studies. (Peace Review, 16(1), 2004) 47.

[53] K. Booth; S. Smith. Critical Security Studies and World Politics. (Boulder, Colo.: Lynne Rienner Publishers, 2005) 47.

mostrando donde encajan las mujeres en las relaciones internacionales podemos entender cómo opera realmente el poder. También afirman que mirar la seguridad desde la perspectiva de las mujeres altera la definición de seguridad hasta tal punto que cualquier forma tradicional de estudios de seguridad puede ofrecer análisis.[54]

Como explicaron Booth y Smith, el concepto de seguridad es genuinamente cuestionado, y también requiere que las ideas de Estado, comunidad, emancipación y la relación de esos temas entre el individuo, la sociedad, la economía y la política sean igualmente cuestionadas.

Según ellas,[55] el resultado de profundizar el concepto de seguridad conduce a un escenario en el que los objetos de referencia se centran en las discusiones de actores más que de Estados. Además, la extensión masiva de la seguridad ha provocado dudas sobre si esto socava la utilidad del concepto.[56]

También, sumándose al debate sobre la seguridad, es necesario analizar dos conceptos más para tener una visión más amplia del término: orden internacional y seguridad humana.

2.2. Orden internacional: repensar el orden posterior a 1945

El orden internacional es uno de los estudios centrales de las relaciones internacionales y nos ofrece una comprensión clara de cómo funciona el sistema internacional. Según Gortzak,[57] el orden internacional explica el ascenso y la caída de las grandes

---

[54] K. Booth; S. Smith. Critical Security Studies and World Politics. (Boulder, Colo.: Lynne Rienner Publishers, 2005) 48.

[55] K. Booth; S. Smith. Critical Security Studies and World Politics. (Boulder, Colo.: Lynne Rienner Publishers, 2005) 48 et seq.

[56] K. Booth; S. Smith. Critical Security Studies and World Politics. (Boulder, Colo.: Lynne Rienner Publishers, 2005) 48 et seq.

[57] Y. Gortzak. How Great Powers Rule: Coercion and Positive Inducements In International Order Enforcement. (Security Studies, 2005, 14(4) 664.

potencias y, en consecuencia, la distribución de capacidades en una lucha dentro del sistema internacional.

Históricamente, las grandes potencias han competido entre sí por la capacidad de dar forma al sistema internacional. Se espera que aquellos en ascenso impongan su influencia bajo este sistema creando su orden político que refleja y promueve sus valores e intereses nacionales. Sin embargo, al hacerlo, inevitablemente desestabilizan el sistema, abriendo una competencia con sus pares que también están dispuestos a promover sus valores e intereses en el sistema internacional.[58]

Sin embargo, lograr ese orden también conlleva diferentes desafíos. Por ejemplo, los estados más débiles, pero rebeldes que no tienen la capacidad o la ambición de destruir el orden impuesto, no resisten algunas o todas las reglas obligatorias de este orden. Gortzak afirma que tanto los registros históricos como los acontecimientos recientes mostraron como una respuesta contundente a esos desafíos podría tener consecuencias significativas para el orden y la estabilidad internacionales.

Al igual que el concepto de seguridad, también se puede cuestionar la comprensión del orden internacional actual. Para Munro,[59] la legitimidad del orden global posterior a 1945, también conocido como «Orden liberal internacional», está en declive en las naciones en desarrollo y de ingresos medios. Sostiene que la respuesta a este declive es el resultado de estructuras organizativas, reglas escritas y no escritas. Las instituciones de ese orden han fracaso cada vez más en abordar las realidades políticas y económicas del siglo XXI.[60]

---

[58] Y. Gortzak. How Great Powers Rule: Coercion and Positive Inducements In International Order Enforcement. (Security Studies, 2005, 14(4) 665.

[59] L. Munro. Strategies to Shape the International Order: Exit, Voice and Innovation Versus Expulsion, Maintenance and Absorption. (Canadian Journal of Development Studies / Revue Canadienne D'études du Développement, 39(2), 2017) 310.

[60] L. Munro. Strategies to Shape the International Order: Exit, Voice and Innovation Versus Expulsion, Maintenance and Absorption. (Canadian Journal of Development Studies / Revue Canadienne D'études du Développement, 39(2), 2017) 310.

Munro también señala que algunas estructuras que regulan algunas reglas del orden internacional, como las Naciones Unidas (ONU), el Consejo de Seguridad, el Banco Mundial y el Fondo Monetario Internacional (FMI), están dirigidas por el mundo del Atlántico Norte más Japón que fijan la agenda global y no han cambiado desde la década de 1940. Por otro lado, los países desarrollados y emergentes están sujetos a reglas, normas y estándares que no influyen en su configuración. Además, el académico también afirma que se realizaron cambios marginales en el orden internacional que no reflejan los cambios en las relaciones de poder globales, como el acenso de China y la India durante el último cuarto de siglo de la historia.[61]

Mirando especialmente la seguridad, para Glaser[62] casi cualquier interacción internacional califica como un orden internacional, siempre que sus miembros acepten la norma de soberanía. Por lo tanto, todas las categorías básicas de acuerdos de seguridad, como la hegemonía, el equilibrio de poder, la seguridad colectiva, los conciertos y las comunidades de seguridad, se consideran orden de seguridad internacional u orden parcial. En este sentido, el orden de seguridad puede variar dependiendo del grado de competencia y cooperación entre los estados. Además, el poder y la coerción desempeñan papeles centrales.

Como se ve en el controvertido concepto de seguridad, Glaser señaló que muchos académicos han estado empleando el Orden liberal internacional de manera más amplia, ya sea para promover la democracia, combatir el terrorismo, luchar contra el cambio climático, proteger los derechos humanos, comprometerse con el crecimiento económico de los países en desarrollo, frenar regímenes de proliferación nuclear o armas de destrucción masiva, acuerdos comerciales o perseguir objetivos económicos o

---

[61] L. Munro. Strategies to Shape the International Order: Exit, Voice and Innovation Versus Expulsion, Maintenance and Absorption. (Canadian Journal of Development Studies / Revue Canadienne D'études du Développement, 39(2), 2017) 310 et seq.

[62] C. Glaser. A Flawed Framework: Why the Liberal International Order Concept Is Misguided (International Security, 2019, 43(4)) 55 et seq.

de seguridad (o incluso ambos).[63] Estos múltiples usos del debate internacional han llevado a una discusión entre académicos y analistas sobre si el orden internacional es un medio o fin. Glaser[64] sostiene que esto debe entenderse como un medio, no como un fin. Por lo tanto, hablando desde la perspectiva de la formulación de política exterior de Estados Unidos, sugiere un cambio de pensamiento desde el Orden liberal internacional hacia una gran estrategia. Según él, el orden internacional liberal ofrece poca influencia analítica, ciertos argumentos son teocráticamente débiles y es una fuente de confusión significativa sobre la evolución de la política global. Por otro lado, como marco de análisis, se debe aplicar la lente gran estratégica, definida por él como políticas amplias militares, diplomáticas y económicas, mejorando el estudio de las cuestiones planteadas por el Orden liberal internacional colocándolas en un contexto más amplio de los desafíos geopolíticos actuales.[65]

2.3 Seguridad humana: un nuevo marco de análisis

Es posible que el concepto de seguridad humana haya ido cambiando desde su creación a finales de los años noventa. Para Glasius,[66] la explicación principal para comprender la seguridad humana es una noción opuesta a la seguridad del Estado con un argumento que es indivisible. Por lo tanto, los ricos del mundo tienen no solo un interés moral sino también práctico en la seguridad de los pobres. En términos más generales, la seguridad

---

[63] C. Glaser. A Flawed Framework: Why the Liberal International Order Concept Is Misguided (International Security, 2019, 43(4)) 56 et seq.

[64] C. Glaser. A Flawed Framework: Why the Liberal International Order Concept Is Misguided (International Security, 2019, 43(4)) 57.

[65] C. Glaser. A Flawed Framework: Why the Liberal International Order Concept Is Misguided (International Security, 2019, 43(4)) 82 et seq.

[66] M. Glasius. Human Security from Paradigm Shift to Operationalization: Job Description For A Human Security Worker (Security Dialogue, 39(1), 2008) 32.

humana abarca elementos como la seguridad económica, alimentaria, sanitaria, ambiental, personal, comunitaria y la política.

Este término se ha relacionado con algunos cambios de paradigmas. Glasius[67] señala que la seguridad humana introdujo una escapada del paradigma de seguridad estatal que enfatiza la naturaleza transnacional de las amenazas en una era global. Además, sumado a la protección de los ciudadanos individuales la extiende a todo ser humano.

Desde esta perspectiva, se planteó otro debate: lo bueno o lo malo de las intervenciones humanitarias y si esas intervenciones pueden caracterizarse o no como una violación de la soberanía estatal. La seguridad humana, como afirma Glasius,[68] no es un derecho a intervenir sino una responsabilidad de proteger, que eventualmente, si es necesario, puede extenderse más allá de las fronteras. Aunque reconoce el valor dado por el concepto de seguridad humana, que destaca cuestiones particulares dentro del sistema internacional que permiten obtener ganancias a corto plazo, Christie[69] presenta su crítica a la idea. Según él, la seguridad humana ha perdido todo potencial crítico y se ha convertido en una nueva ortodoxia.

Christie[70] reconoce que la seguridad humana ofrece un marco a las comunidades para hablar sobre seguridad de una manera que no era posible cuando la seguridad se entendía como una capacidad vinculada al Estado. Sin embargo, señala que, a pesar de sus características esenciales, la seguridad humana ha sido consistente con un proceso internacional más amplio de intervencionismo global para aliviar la pobreza. Además, se ha

---

[67] M. Glasius. Human Security from Paradigm Shift to Operationalization: Job Description For A Human Security Worker (Security Dialogue, 39(1), 2008) 36.

[68] M. Glasius. Human Security from Paradigm Shift to Operationalization: Job Description For A Human Security Worker (Security Dialogue, 39(1), 2008) 36.

[69] R. Christie. Critical Voices and Human Security: To Endure, To Engage or To Critique?(Security Dialogue, 41(2), 2010) 169.

[70] R. Christie. Critical Voices and Human Security: To Endure, To Engage or To Critique?(Security Dialogue, 41(2), 2010) 170.

utilizado para justificar la expansión de los roles de los actores tradicionales y las tecnologías de gobernanza y control social.[71]

3. Las PMC como amenaza potencial al orden internacional

El termino seguridad, tal como se explora en este libro en el tema anterior, puede ser muy discutible dentro del mundo académico. Para el propósito de analizar cuestiones de seguridad, esta investigación utilizará la comprensión político-militar de Buzan, Waever y Wilde[72] de la seguridad como supervivencia en el sistema internacional y podría concebirse siempre que un problema se presente como una amenaza existencial a un objeto de referencia (tradicionalmente, pero no limitado al estado, abarcando el gobierno, el territorio y la sociedad). Es decir, en este caso, una Empresa Militar Privada (PMC en su abreviación en inglés), como hipótesis inicial de esta investigación, también puede ser una amenaza para el sistema de seguridad internacional, definido por Buzan, Waever y Wilde[73] como firmemente arraigado en las tradiciones de poder política.

Es digno de mención que la naturaleza de las amenazas a la seguridad justifica el uso de fuerzas extraordinarias que abren un camino para que el Estado se movilice o incluso tome poderes especiales para mitigar la amenaza existencial.[74] Los autores explican que el peligro existencial solo puede entenderse en relación con el carácter del objeto de referencia en cuestión. En términos de política, esas amenazas podrían traducirse como

---

[71] R. Christie. Critical Voices and Human Security: To Endure, To Engage or To Critique?(Security Dialogue, 41(2), 2010) 169 et seq.

[72] B. Buzan, O. Waever; J. Wilde. Security: A New Framework for Analysis. (Boulder, Colo: Lynne Rienner, 1998) 21.

[73] B. Buzan, O. Waever; J. Wilde. Security: A New Framework for Analysis. (Boulder, Colo: Lynne Rienner, 1998) 21.

[74] B. Buzan, O. Waever; J. Wilde. Security: A New Framework for Analysis. (Boulder, Colo: Lynne Rienner, 1998) 21.

principios constituyentes de soberanía, reconocimiento, o legitimidad o autoridad de gobierno.[75] Estos puntos nos llevan al enfoque original del análisis de este libro, ya que las PMC, hipotéticamente, también podrían violar la soberanía, enfrentar la falta de legitimidad o amenazar a la autoridad gobernante.

Sin embargo, como se analizó en los temas anteriores, el concepto de seguridad en sí, es bastante complejo. Por lo tanto, para el propósito del análisis, esta investigación comparte puntos de vista similares a los de Booth y Smith[76] de que no hay duda de que el concepto de seguridad necesita ser cambiado y cuestionado, especialmente cuando su definición tradicional está vinculada a la filosofía natural de la investigación presentada por el mundo de la seguridad internacional, tal como lo estudia este autor. Quizás, una combinación hibrida del pensamiento tradicional sobre seguridad combinado con visiones controvertidas del término sea una herramienta poderosa como marco de análisis que busca respuestas a través de diferentes perspectivas. Como dijo Baldwin,[77] las respuestas a los problemas actuales no se encuentran en los hallazgos de la vieja generación de estudiosos de la seguridad. Sin embargo, presentaron alunas de las preguntas correctas.

Además, el surgimiento de nueva literatura sobre guerras, como se vio en los capítulos anteriores, indica las formas en que estaba cambiando la seguridad y cómo los formuladores de políticas presentaban cada vez más atención a la condición interna de los estados.[78]

Desde esta perspectiva, la discusión debe incorporar la privatización o la subcontratación de la guerra. Coker[79] clasifica

---

[75] B. Buzan, O. Waever; J. Wilde. Security: A New Framework for Analysis. (Boulder, Colo: Lynne Rienner, 1998) 22.

[76] K. Booth; S. Smith. Critical Security Studies and World Politics. (Boulder, Colo.: Lynne Rienner Publishers, 2005) 58.

[77] D. Baldwin. Security Studies and the End of the Cold War. (World Politics, 48(1), (1995) 141.

[78] R. Christie. Critical Voices and Human Security: To Endure, To Engage or To Critique? (Security Dialogue, 41(2), 2010) 172 et seq.

[79] C. Coker. Outsourcing War. (Cambridge Review of International Affairs, 13(1), 1999) 95.

el momento actual como una guerra posmoderna, donde la sociedad posmoderna puede utilizar la guerra como instrumento político y el espíritu comercial desafía el propósito profesional tradicional de las fuerzas armadas. En este contexto, según él, la guerra se subcontrata al sector privado en forma de empresas mercenarias privadas. Coker[80] señala que la política se está privatizando cada vez más y que ya no se comparte el poder con las empresas, pero el espíritu comercial está desafiando la filosofía del servicio público.

En este escenario, la lógica de los mercados se ha incorporado al espíritu del Estado y al pensamiento gubernamental. Coker[81] destaca el caso de Gran Bretaña en este contexto. En 1996, el ejército británico se abstuvo de intervenir en una crisis de refugiados en los Grande Lagos, en África, por mantenerse «dentro del presupuesto». En 1999, el país tomó la misma decisión ante el estallido de la guerra civil en Sierra Leona. El Reino Unido fue uno de los primeros países en adoptar el modelo de mercado de subcontratación de actividades que antes realizaba los estados a empresas privadas. En la década de 1990, el país contrató empresas privadas para realizar tareas como reacondicionamiento de barcos, gestión de provisiones no militares, mantenimiento de aeronaves designadas y apoyo de ingeniería en estaciones de entrenamiento. El Reino Unido también abrió a la licitación de contratos de carga aérea y transporte de material militar por vía aérea. El Partido Laborista clasificó el movimiento como una cuestión de seguridad nacional. También hay una discusión en torno a analistas y académicos que se refieren a la relación combate-apoyo (RCA), la relación comparativa entre el número de las fuerzas de armas de combate y el número de tropas de apoyo en una organización militar. La escala es crucial ya que aumenta o disminuye el poder de combate de un ejército, y se considera una fuente estática para la justificación y asignación

---

[80] C. Coker. Outsourcing War. (Cambridge Review of International Affairs, 13(1), 1999) 102

[81] C. Coker. Outsourcing War. (Cambridge Review of International Affairs, 13(1), 1999) 102.

de recursos.[82] En el caso de Estados Unidos, actualmente clasificado como la fuerza militar más poderosa del mundo, la reducción del ejército cobró impulso tras el fin de la Guerra Fría. Además, la estrategia nacional y militar estadounidense cambió significativamente, por ejemplo, empleando contratistas civiles en Irak, Afganistán y Kuwait como parte de la fuerza para llevar a cabo operaciones no combatientes, asumiendo muchas actividades logísticas y de soporte vital.[83]

Hoy en día, los PMC no solo brindan operaciones de combate, sino que también desempeñan funciones como logística, transporte, servicios alimentarios u operaciones de ayuda humanitaria.[84] Para Carter Jr.[85] Es muy poco probable que el futuro cambie de rumbo. Además, la naturaleza de la guerra y la tecnología ha cambiado, llegando a un punto en el que se necesitan menos tropas de combate.[86]

El Ejército de los Estados Unidos redujo o incluso eliminó las segundas fuerzas de apoyo creando un desequilibrio en el RCA y, según Carter Jr., generando amenazas a la eficacia del ejército.[87] Gran Bretaña siguió el mismo camino privatizando la «cola», el apoyo logístico que sostiene a un ejército en el campo. Más tarde, el gobierno británico se abrió a los llamados «dientes», las armas utilizadas por los propios militares.[88]

Por otra parte, Estados Unidos también siguieron pasos hacia la privatización de la guerra. En 1998, pidieron a DynCorp que enviara tropas estadounidenses a una misión de observación

---

[82] Carter, Jr, J. The Tooth to Tail Ratio: Considerations for Future Army Force Structure. (Apps.Dtic.Mil,1997) 3.

[83] J. Mcgrath. The Other End of The Spear: The Tooth-To-Tail Ratio (T3r) In Modern Military Operations. (Apps.Dtic.Mil.,2007) 66.

[84] M. Fulloon. Non-State Actor: Defining Private Military Companies (Strategic Review for Southern Africa, 37(2), 2015) 29 et seq.

[85] J. Carter Jr. The Tooth to Tail Ratio: Considerations for Future Army Force Structure (Apps. Dtic.Mil 1997) 27.

[86] J. Mcgrath. The Other End of The Spear: The Tooth-To-Tail Ratio (T3r) In Modern Military Operations. (Apps.Dtic.Mil.,2007) 74.

[87] J. Carter Jr. The Tooth to Tail Ratio: Considerations for Future Army Force Structure (Apps. Dtic.Mil,1997) 27.

[88] C. Coker. Outsourcing War. (Cambridge Review of International Affairs, 13(1), 1999) 103.

en Kosovo para supervisar la retirada de las fuerzas serbias. Los analistas de defensa consideraron que esta decisión representaba un primer paso desde la «privatización de la guerra» hacia la «privatización del mantenimiento de la paz», ya que la medida evitaba los riesgos políticos de que estadounidenses perdieran la vida mientras prestaban servicio en los Balcanes. Además, era la primera vez que un contratista privado estadounidense reemplazaba a la fuerza del ejército nacional en combates donde no había un acuerdo formal de cesar el fuego.[89]

El escenario de la privatización hizo regresar a los mercenarios. No son precisamente nuevos. En el pasado, los mercenarios habían luchado en Italia en los siglos XIV y XV y en las guerras Napoleónicas.[90] Sin embargo, hoy en día son parte de los acontecimientos contemporáneos, en medio de la extensión lógica de la globalización, la tecnología y la doctrina económica liberal, y han prosperado en el mundo posterior a la Guerra Fría. Coker destaca que el mercado de asistencia militar privada está en auge. Desde Azerbaiyán hasta Zaire (actualmente conocida como la República Democrática del Congo), han estado desorganizando y, en ocasiones, desmoralizando a las fuerzas militares ayudando a dictadores de segundo rango a permanecer en el poder o a los países en desarrollo tratando de proteger sus depósitos minerales. Algunos van a la guerra ellos mismos con la intención aparente de transformarlos en un negocio y obtener ganancias.[91] En este contexto, las Compañías Militares Privadas también se pueden dividir en cuatro categorías: las PMC defensivas de combate, las PMC ofensivas sin combate y, en última instancia, las PMC defensivas sin combate.[92]

---

[89] C. Coker. Outsourcing War. (Cambridge Review of International Affairs, 13(1), 1999) 107.

[90] C. Coker. Outsourcing War. (Cambridge Review of International Affairs, 13(1), 1999) 105 et. seq.

[91] C. Coker. Outsourcing War. (Cambridge Review of International Affairs, 13(1), 1999) 96.

[92] M. Fulloon. Non-State Actor: Defining Private Military Companies (Strategic Review for Southern Africa, 37(2),2015) 29 et seq.

A este debate sobre la creación de un espacio en auge para las empresas militares privadas se suma también el hecho de que los gobiernos están perdiendo su monopolio exclusivo de la violencia. En algunos países, el Estado no puede proporcionar a sus ciudadanos ni siquiera estándares mínimos de seguridad y, en un contexto más profundo, los Estados débiles han estado atacando a sus ciudadanos o quitándoles la protección.[93]

Como afirmó Booth,[94] en términos históricos, hay un reconocimiento constante pero desigual de que los costos del uso de la fuerza militar están aumentando, mientras que los beneficios están disminuyendo. Esta afirmación coincide con la afirmación de Coker de que las guerras han cambiado con frecuencia y volverán a cambiar.[95]

Por lo tanto, es plausible predecir que los gobiernos de continentes como África tendrán muchas razones para subcontratar servicios militares al sector privado en el futuro. Últimamente, las guerras no han sido rentables y las empresas privadas pueden ofrecer mejores ofertas a precios bajos. En el manejo de los asuntos militares por parte del gobierno, el costo puede ser mayor, ya que hay una fuerza laboral intensiva que administrar y a los gobiernos les gusta el sistema de respaldo y las proporciones exorbitantes entre RCA. Por otro lado, las empresas tienden a mantener un número mínimo de tropas sobre el terreno y un pequeño respaldo en reserva para mantener los cosos en un nivel más bajo. También logran hacerlo aumentando los premios de seguros.[96] Coker resume esta lógica diciendo que todo es un factor del precio del trabajo, que está regulado por el mercado, no por los gobiernos.

Coker sostiene que, en Occidente, donde esos costos ya no pueden sostenerse, gran parte del «combate» se ha privatizado

---

[93] C. Coker. Outsourcing War. (Cambridge Review of International Affairs, 13(1), 1999)109.

[94] K. Booth. Security and Emancipation. (Review of International Studies, 17(4) 1991) 324.

[95] C. Coker. Outsourcing War. (Cambridge Review of International Affairs, 13(1), 1999) 96.

[96] C. Coker. Outsourcing War. (Cambridge Review of International Affairs, 13(1), 1999) 108 et seq.

para preservar el «apoyo» profesional. Como ejemplo, está Brown y Root, contratada por Estados Unidos para gestionarlo todo, desde la purificación del agua hasta el proceso de devolución de los cuerpos al suelo americano.[97]

Al mismo tiempo, el orden internacional establecido desde los acontecimientos posteriores a 1945 también puede estar al borde de un cambio con respecto a la forma en que está concebido actualmente. El desorden global ya es una importante preocupación de seguridad para Estados Unidos, como lo destacó la Estrategia de Defensa Nacional de USA en 2018:

Hoy estamos saliendo de un periodo de atrofia estratégica, conscientes de que nuestra ventaja militar competitiva se ha ido erosionando. Nos enfrentamos a un mayor desorden global, caracterizado por un declive del orden internacional basado en reglas de larga data, lo que crea un entorno de seguridad más compleja y volátil que cualquiera que hayamos experimentado en la memoria reciente. La competencia estratégica interestatal, no el terrorismo, es ahora la principal preocupación en la seguridad nacional de Estados Unidos.

(Dod.defense.gov, 2019, p. 1)

Esta afirmación coincide con el análisis original de esta investigación, ya que las PMC pueden actuar o ayudar a desestabilizar el sistema de seguridad internacional tal como se entiende en este momento, especialmente cuando esas empresas están trabajando a favor de los llamados estados rebeldes. La estrategia de Defensa Nacional de Estados Unidos en 2018 afirma que tanto las potencias revisionistas como los regímenes rebeldes han «incrementado sus esfuerzos antes del conflicto armado al expandir la coerción a nuevos frentes, violar principios de soberanía, explotar la ambigüedad y desdibujar deliberadamente las líneas entre objetivos civiles y militares».[98] Además, también menciona los rápidos avances tecnológicos y el carácter cambiante de

---

[97] C. Coker. Outsourcing War. (Cambridge Review of International Affairs, 13(1), 1999) 108.
[98] Dod. Defense Government [Online 2018] 4.

la guerra, como se defiende en esta investigación, por parte de nuevas tecnologías y actores no estatales con sofisticadas capacidades de disrupción masiva.[99]

El error de cálculo de los defensores del orden liberal llevo a una aplicación excesiva de la seguridad humana en todo el mundo, especialmente después de la guerra global contra el terrorismo. Como señaló Christie,[100] al menos se esperaba que la continua defensa de la seguridad humana garantizaría los cálculos del impacto de las respuestas militares posteriores, lo que implicaría una evaluación de los costos para las vidas de las personas sobre el terreno en Afganistán e Irak.

Curiosamente, el informe sobre la Estrategia de Defensa Nacional de USA cita a Rusia como una de las principales preocupaciones de los intereses estadounidenses, traducida en el mantenimiento del orden internacional liberal posterior a la Guerra Fría. De hecho, Rusia ha estado dependiendo en gran medida del Grupo Wagner, un llamado PMC (ya que hay desacuerdos entre analistas debido al oscuro protocolo de actuación del Grupo Wagner) leal a las ambiciones del Kremlin, expandiendo su huella e influencia en Ucrania, Siria, Sudán, la República Centroafricana y, según los informes, posiblemente a Libia y seguramente a Venezuela.[101] Es decir, el Grupo Wagner podría, de hecho, socavar los intereses estadounidenses como lo hizo en Ucrania. Aunque la empresa tiene una capacidad limitada para hacer la guerra por sí misma, puede crear suficientes problemas como para impedir que los tomadores de decisiones occidentales impidan una respuesta apropiada y sólida. Fuera del espectro geopolítico, es probable que el Grupo Wagner empeore los problemas de corrupción, derechos humanos y Estado de derecho donde quiera que opere, como afirma

---

[99] Dod. Defense Government [Online2018] 4.

[100] R. Christie. Critical Voices and Human Security: To Endure, To Engage or To Critique? (Security Dialogue, 41(2), 2010) 174.

[101] N. Reynolds. Putin's Not-So-Secret Mercenaries: Patronage, Geopolitics, And the Wagner Group (Carnegie Endowment for International Peace, July 2019).

Reynolds,[102] incluso después de la muerte de su líder, Yevgeny Prigozhin, en un accidente aéreo fatal rodeado de dudas en 2023. Además, con entre 3600 y 5000 combatientes en lugares secretos, la compañía ha estado reduciendo el riesgo político para el presidente de Rusia, Vladimir Putin.[103]

A pesar de ello, el propio Grupo Wagner —que en ocasiones ha actuado como un brazo coercitivo silencioso para las ambiciones globales del Kremlin— se presentó ante el mundo como una afrenta a la esencia del orden estatal cuando, en 2023, llevó a cabo un motín desafiando la autoridad de Vladimir Putin en Rusia. Los combatientes del grupo ocuparon una base militar en el sur del país y organizaron una marcha hacia la capital, Moscú. La grave rebelión del grupo solo terminó después de un acuerdo mediado por el líder de Bielorrusia, Alexander Lukashenko. Este episodio, de manera empírica, corrobora la tesis inicial de este libro sobre la gran capacidad de desestabilización de las PMCs en el escenario global, que en este caso fue capaz de debilitar la imagen pública internacional del líder de la segunda mayor potencia militar del planeta.

Los relatos de Reynolds[104] nos llevan a un rumbo de colisión con la teoría de la paz democrática. Owen[105] explica que la teoría habla del hecho de que las democracias rara vez, o nunca, van a la guerra entre sí. La democracia liberal es un estado que comparte ideas liberales donde el liberalismo es la ideología dominante y los ciudadanos tienen poder sobre las decisiones de guerra a través de la libertad de expresión o elecciones periódicas de quienes toman las decisiones facultadas para declarar la guerra. En este sentido, Owen afirma que la ideología y las

---

[102] N. Reynolds. Putin's Not-So-Secret Mercenaries: Patronage, Geopolitics, And the Wagner Group (Carnegie Endowment for International Peace, July 2019).

[103] N. Reynolds. Putin's Not-So-Secret Mercenaries: Patronage, Geopolitics, And the Wagner Group (Carnegie Endowment for International Peace, July 2019).

[104] N. Reynolds. Putin's Not-So-Secret Mercenaries: Patronage, Geopolitics, And the Wagner Group (Carnegie Endowment for International Peace, July 2019).

[105] J. Owen. How Liberalism Produces Democratic Peace. (International Security, 19(2), 1994) 87.

instituciones liberales trabajan para lograr la paz democrática. Además, los gobiernos liberales tienen relaciones armoniosas con otras democracias. La ideología liberal también supone que los individuos persiguen fundamentalmente la auto conservación y el bienestar material. Por lo tanto, la libertad es esencial para lograr este objetivo, y se requiere paz para lograr la libertad en una democracia, que sea pacífica y confiable. Por otro lado, la coerción y la violencia son contraproducentes.

Por lo tanto, este supuesto concluye que todos los individuos comparten un interés en la paz y que la guerra debería ser solo un medio para lograr esa paz. Por el contrario, las no democracias pueden ser peligrosas porque buscan otros fines.[106]

Dicho esto, en caso de amenaza de guerra con el Estado que la oposición liberal considera una democracia hermana, los liberales toman las medidas adecuadas para evitar hostilidades utilizando la libertad de expresión garantizada por la ley. Por lo tanto, los líderes antiliberales no pueden movilizar al público para luchar y temen que una guerra impopular los lleve al fracaso en las próximas elecciones.[107] Es decir, las sociedades liberales no utilizan su derecho democrático al voto para hacer la guerra. El desencadenamiento de guerras impopulares representa un riesgo político para los estadistas y los tomadores de decisiones. La perspectiva de revisión de la Teoría de la paz democrática, Owen sostiene que nadie está seguro de por qué las democracias no luchan entre sí y sí luchan contra las no democracias. Además, se desconoce el mecanismo causal detrás de la democracia y no hay certeza de que la paz sea genuina.[108]

Sin embargo, para superar la Teoría de la paz democrática y hacer la guerra, algunos estadistas utilizan soluciones modernas, como la tecnología para minimizar las pérdidas humanas en los conflictos armados. Las sociedades avanzadas deben

---

[106] J. Owen. How Liberalism Produces Democratic Peace. (International Security, 19(2), 1994) 88.

[107] J. Owen. How Liberalism Produces Democratic Peace. (International Security, 19(2), 1994) 89.

[108] J. Owen. How Liberalism Produces Democratic Peace. (International Security, 19(2), 1994) 88.

confiar en esta práctica si quieren conservar su capacidad de acción. Estas denominadas sociedades post heroicas no pueden soportar las grandes pérdidas sufridas durante la guerra. Por lo tanto, la respuesta para resolver esta ecuación es confiar en la superioridad tecnológica o el despliegue de mercenarios que incluyen a aquellos que no forman parte del electorado del gobierno en guerra.[109]

Teóricamente, para clasificar las sociedades industriales modernas y las economías basadas en servicios como sociedades post heroicas, hoy el sacrificio y el honor no es su importancia central ya que no están particularmente preparadas para la guerra como Plantran Strachan, Herberg-Rothe y Münkler.[110] Pueden sentir cierto entusiasmo a corto plazo causado por los medios de comunicación. Sin embargo, el engaño con el gobierno se hace de conocimiento público. De pronto, el entusiasmo vertiginoso hoy se derrumba y el gobierno debe preocuparse por su reelección. Es por esto, que el uso de empresas militares privadas reduce estos problemas. Puede haber riesgos políticos pero la presión sobre la rendición de cuentas del gobierno en caso de pérdidas sustanciales se alivia, si los heridos o muertos no provienen de sus votantes internos. Este tipo de presión aumenta la privatización de la guerra como lo especifican Herberg-Rothe y Münkler.[111]

Hablando de la era de la guerra asocial, Merom dice que las democracias que luchan deben sincronizar dos bandos: el campo de batalla y el interior.[112] Por lo tanto, las democracias poderosas han fracasado en las guerras de contrainsurgencia por qué no han podido resolver el dilema anterior. Por un lado, la clase media

---

[109] H. Strachan; A. Herberg-Rothe; H. Münkler. Clausewitz in the Twenty-First Century. (Oxford University Press, 2007) 222.

[110] H. Strachan; A. Herberg-Rothe; H. Münkler. Clausewitz in the Twenty-First Century. (Oxford University Press, 2007) 228.

[111] H. Strachan; A. Herberg-Rothe; H. Münkler. Clausewitz in the Twenty-First Century. (Oxford University Press, 2007) 229.

[112] G. Merom, G. (2012). The age of asocial war: democratic intervention and counterinsurgency in the twenty-first century. Australian Journal of International Affairs, 66(3), 2012) 370.

educada se opone oportunamente al sacrificio cuando perciben una guerra no existente. Por otro lado, hoy esta clase desarrolló una oposición altruista a la brutalidad indiscriminada.[113]

Sin embargo, las democracias liberales son capaces de aprender y aprendieron qué causó su fracaso en el pasado. Así lograron, incluso a veces con fallas, superar estos obstáculos. Una de esas lecciones es que el campo de batalla debe estar lo más lejos posible de la sociedad interna. Además, a las democracias liberales hoy se les permitió liberar las guerras asociales. Además de eso, la tecnología de la Revolución en Asuntos Militares (RMA, abreviatura en inglés) ayudó a reducir las fuerzas en tierra.[114]

Merom también señala la subcontratación basada en aliados, representantes y PMC como una herramienta utilizada por las democracias para mantener a la sociedad en casa, lejos del conflicto y, lo que es más importante, de sus riesgos y costos.[115]

Hoy pensando en el peor de los casos las guerras futuras podrían imaginarse como señores de la guerra que han convertido la guerra en una empresa lucrativa, luchando desde un lado. Al mismo tiempo las PMC llevan a cabo intervenciones humanitarias en nombre de algún estado.

Esto sería el retroceso a las condiciones preexistentes en Europa entre los siglos XIV y XVII,[116] sin embargo, Coker sostiene exactamente lo contrario: es poco probable que volvamos a una perspectiva económica neo mercantilista.[117] A su juicio, las empresas transnacionales nunca buscaron desafiar a los Estados, ya que dependen de ellos para garantizar su cuasi monopolio, que genera la maximización de ganancias y dependen de los gobiernos para contener el estallido de disturbios

---

[113] G. Merom, G. (2012). The age of asocial war: democratic intervention and counterinsurgency in the twenty-first century. Australian Journal of International Affairs, 66(3), 2012) 369.

[114] G. Merom, G. (2012). The age of asocial war: democratic intervention and counterinsurgency in the twenty-first century. Australian Journal of International Affairs, 66(3), 2012) 366 et seq.

[115] G. Merom, G. (2012). The age of asocial war: democratic intervention and counterinsurgency in the twenty-first century. Australian Journal of International Affairs, 66(3), 2012) 375.

[116] H. Strachan; A. Herberg-Rothe; H. Münkler. Clausewitz in the Twenty-First Century. (Oxford University Press, 2007) 229.

[117] C. Coker. Outsourcing War. (Cambridge Review of International Affairs, 13(1), 1999) 112.

civiles. Coker ve el futuro de las PMC y los estados simplemente como una asociación entre los sectores público y privado y no como una sustitución de lo público por lo privado. Citando a Clausewitz afirma que es poco probable que la guerra se convierta en un comercio.[118]

Sin embargo, el mismo Coker, cuando escribió su artículo en 1999, dijo que lo que faltaba era un código internacional de prácticas, una regulación del comercio, que probablemente se introduciría pronto. Sin embargo, casi diez años después, se lanzó el no vinculante Documento Montreux, como parte de un esfuerzo internacional del gobierno de Suiza, el Comité Internacional de la Cruz Roja (CICR) y el consenso d otros 17 estados, para promover el respeto del derecho internacional humanitario y el derecho de los derechos humanos siempre que las PMC y las empresas de seguridad estén presentes en conflictos armados (Comité Internacional de la Cruz Roja, 2019).

Compartiendo preocupaciones sobre el mismo tema que Coker, hoy el documento afirma que las PMC[119] han quedado en su mayoría sin supervisión de los Estados y no existen regulaciones internacionales específicas para ellas. El documento de Montreux también dice que el derecho internacional humanitario se aplica a las PMC. Sin embargo, era clara la necesidad de explicarles las normas y ofrecerles consejos prácticos sobre cómo abordar sus negocios. (Documento de Montreux, sobre obligaciones jurídicas internacionales y buenas prácticas pertinentes para los Estados relacionadas con las operaciones de empresas militares y de seguridad privadas durante conflictos armados: Montreux, 17 de septiembre de 2008).

En este sentido, el documento que fue respaldado por los estados es un mensaje claro de que las naciones podrían entender las PMC, como una amenaza revirtiendo la afirmación de Coker de que las empresas transnacionales nunca buscaron

---

[118] C. Coker. Outsourcing War. (Cambridge Review of International Affairs, 13(1), 1999) 112.
[119] Acronym for Private Military & Security Companies (PMSCs).

desafiar a los Estados. Por lo tanto, ¿por qué 17 Estados, el CICR y el gobierno de Suiza impulsarían una guía con obligaciones internacionales para las PMC si las empresas privadas no fueran percibidas con algún grado de amenaza?

Hasta el momento, no existe normativa internacional sobre PMC. Principalmente, porque en la convención de Ginebra solo se mencionaba a los «mercenarios», término no aplicable para las PMC y la Convención de las Naciones Unidas contra el reclutamiento de 1989, trata la financiación y el entretenimiento de mercenarios como el mismo problema. Además los esfuerzos unilaterales para gestionar las PMC enfrentan desafíos debido a la naturaleza globalizada de la industria.

Las PMC a menudo se crean, disuelven, fusionan, ramifican y trasladan de un lugar a otro, lo que hace que sea más difícil localizarlas y regularlas.[120]

Sin embargo hoy cabe mencionar que existe el Código Internacional de Conducta para la Asociación de Proveedores de Servicios de seguridad Privada (ICoCA). Sin embargo, este no es un tratado internacional obligatorio ni un organismo regulador, sino una asociación con múltiples partes interesadas que intentan promover, gobernar y supervisar la implementación de un código internacional para que las PMC respeten los derechos humanos y el derecho internacional. En la asociación hay siete gobiernos, 91 PSC,[121] 33 organizaciones civiles y 35 observadores.[122] El código de conducta voluntario no es una respuesta a la cultura de impunidad que operan las PMC; más bien, las empresas lo utilizan para legitimar las prácticas industriales existentes e impedir la introducción de regulaciones jurídicamente vinculantes. Además, la ICoCA no tiene sanciones claras contra las empresas que van en contra de sus principios, y la capacidad de monitorear de forma independiente a

---

[120] Globalpolicy.org. Regulation and Oversight of PMSCS (2019).
[121] Acronym for Private Security Company.
[122] Icoca.ch.Membership | Icoca - International Code of Conduct Association (2019).

sus miembros en el campo es mínima. Además, la ICoCA no tiene poder para decidir sobre una queja ni otorgar reparación alguna. En términos prácticos, las posibles víctimas de violaciones de derechos humanos por parte de las PMC no pueden buscar reparación a través de la ICoCA.[123]

Aunque no está de acuerdo con los diagnósticos de Coker sobre el futuro de las PMC, este libro comparte un punto común con su preocupación por las operaciones militares privadas, qué es la falta de regulación. Coker[124] señaló algunas cuestiones alarmantes sobre el funcionamiento de las PMC, como la necesidad de la comunidad internacional de garantizar que los actores privados respeten los mismos estándares del derecho internacional que debe cumplir el ejército nacional. En segundo lugar, dado que las fuerzas armadas privadas con frecuencia no forman parte de las tropas regulares y generalmente carecen de conexión y ética con la población civil de los países en los que operan, la regulación es esencial. Después de todo, parte del personal de las PMC ha sido dado de baja de servicios militares anteriores debido a problemas disciplinarios, por lo que la regulación es vital.

Las PMC están creciendo enormemente en poder. Los informes también sugieren que algunas PMC son incluso capaces de librar una guerra cibernética y podrían tener la capacidad de colapsar países y robar sus recursos.[125] Cada vez más, las armas y el poder están en manos del sector privado, en lugar del Estado. Como resultado, la autoridad estatal puede verse socavada y la confianza entre los gobiernos puede romperse.[126] Sean McFate, profesor de estrategia en la Universidad de Defensa Nacional y la Universidad de Georgetown, incluso, calificó a las PMC como

---

[123] Waronwant.org. Mercenaries Unleashed - The Brave New World of Private Military and Security Companies (2016).

[124] C. Coker. Outsourcing War. (Cambridge Review of International Affairs, 13(1), 1999) 109.

[125] T. Tahir. How World's Next Global Power Could Be A Private Army of Mercenaries. (The Sun, 2019).

[126] O. Gafarov. Rise of China's Private Armies. (Chatham House, 2019).

«una de las amenazas más grandes de seguridad del siglo XXI» en una entrevista reciente.[127]

Para abordar la amenaza de las PMC, el próximo capítulo analizará el episodio de Blackwater a través de un método de estudio de caso. Se eligió este método porque el estudio de caso es apropiado cuando se estudian ciencias políticas, además, es valioso en la etapa en la que se prueban teorías candidatas.[128] Blackwater representa la singularidad de un caso para analizar si las PMC pueden desestabilizar el sistema de seguridad internacional.

4. Blackwater retratada como una amenaza para la seguridad

El caso de Blackwater es uno de los más emblemáticos que involucran a una PMC presenta una amplia posibilidad de análisis para comprender si una PMC puede representar una amenaza para el sistema de seguridad internacional. Este libro encontró análisis, informes técnicos y hallazgos académicos sobre las operaciones de Blackwater en Irak que ayudaron a producir una evaluación en profundidad. Con base en estas evidencias, leyéndolas y comparándolas con la literatura previa, es posible constatar que, en algún grado, las PMC, cuando operan un espacio con falta de regulación, pueden causar cierta desestabilización al sistema de seguridad internacional. La guerra de Irak también es un valioso ámbito de análisis, ya que fue el despliegue más masivo de PMC en la historia de la guerra, incluidas más de 60 empresas que contrataron a 20 000 personas para personal

---

[127] T. Tahir. How World's Next Global Power Could Be A Private Army of Mercenaries. (The Sun, 2019).

[128] M. Hammersley; P. Foster; R. Gomm; H. Eckstein. Case Study Method (London: Sage, 2000) 119.

privado.[129] Además, la guerra de Irak funcionó como una incubadora no solo para las PMC estadounidenses sino también para las británicas.[130]

Como PMC de combate defensivo, Blackwater fue fundada en 1997 por el ex sello de la Marina de los EE. UU. Erik Prince y proporcionó seguridad militar para gobiernos, corporaciones de todo el mundo y destacamentos de seguridad personal para misiones militares y diplomáticas. Blackwater obtuvo su primer contrato de seguridad en 2002 por seis meses 5,4 millones de dólares con la CIA[131] para asegurar los activos de la agencia en Kabul, Afganistán.[132]

A principios de 2003, Blackwater obtuvo aún más contratos para actuar en la guerra de Irak con la misión principal de brindar seguridad militar. Ese mismo año, ganó otro contrato para asegurar la Autoridad Provisional de la Coalición (CPA) a un costo de 27 millones de dólares, demostrando la CPA con un equipo de 36 especialistas en protección, dos tripulantes K-9 y tres Boeing MD-530 conocidos como «pequeñas aves». A finales de 2004, el PMC había obtenido más de mil millones de dólares en contratos federales en Irak.[133]

Durante los años de operación en Irak, Blackwater estuvo involucrado en una serie de incidentes como cuando el personal de la compañía fue emboscado en un asalto coordinado en Faluya en 2004 por insurgentes suníes durante el transporte de equipos para el servicio de alimentos. El escolta fue bombardeado con granadas y respondió con fuego de armas pequeñas, lo que provocó un tiroteo. En agosto de 2004, Blackwater también participó en combates en Najaf, donde los agentes de la compañía, las

---

[129] M. Welch. Fragmented Power and State-Corporate Killings: A Critique of Blackwater In Iraq. (Crime, Law and Social Change, 51(3-4), 2008) 354.

[130] Waronwant.org. Mercenaries Unleashed - The Brave New World of Private Military and Security Companies (2016).

[131] Central Intelligence Agency of the Federal Government of the United States of America

[132] M. Fulloon. Non-State Actor: Defining Private Military Companies. (Strategic Review for Southern Africa, 37(2),2015) 29 et seq.

[133] M. Fulloon. Non-State Actor: Defining Private Military Companies. (Strategic Review for Southern Africa, 37(2),2015) 29 et seq.

fuerzas de paz y los marines estadounidenses desencadenaron una batalla de cuatro horas contra el levantamiento chiíta para proteger una instalación del ejército estadounidense. Durante esta batalla, los contratistas hicieron varios intentos de contactar a las Fuerzas Armadas de Estados Unidos para una intervención. Sin embargo, los «pajaritos» de Blackwater volaron para recoger a los heridos y dejar más municiones. En 2015, el helicóptero de una empresa también arrojó gas CS, una sustancia antidisturbios (similar al gas lacrimógeno) sobre los civiles reunidos. En tierra, el vehículo blindado de Blackwater también liberó gas, cegando temporalmente a los conductores. Esos episodios han suscitado preocupación por el uso de ese gas contra civiles, que debería ser prerrogativa exclusiva de su uso por parte del ejército estadounidense, aunque incluso la corporación se abstiene de utilizarlo una vez que este método está prohibido como medio de guerra por una convención internacional sobre armas on componentes químicos. La empresa alegó que el gas fue liberado por error.[134]

Fulloon explica que, con el personal de Blackwater entrando en combate, las acciones de la empresa aumentaron su credibilidad y percepción de que podían cumplir sus contratos de seguridad independientemente de los peligros físicos. Hoy, sin embargo, el incidente más controvertido, que provocó indignación internacional, se produjo en 2007, cuando el personal de Blackwater mató a tiros a 14 civiles iraquíes desarmados, hola afirmando que estas personas habían disparado contra su escolta cuando se encontraban en una zona hostil de la plaza Nisoor en Bagdad.[135] El episodio, también conocido como «el domingo sangriento de Bagdad»,[136] dejó a otros catorce iraquíes gravemente heridos. Varios testigos kurdos y fragmentos

---

[134] M. Welch. Fragmented Power and State-Corporate Killings: A Critique of Blackwater In Iraq. (Crime, Law and Social Change, 51(3-4), 2008) 358.

[135] M. Fulloon. Non-State Actor: Defining Private Military Companies. (Strategic Review for Southern Africa, 37(2),2015) 29 et seq.

[136] J. Scahill. Blackwater Founder Remains Free and Rich While His Former Employees Go Down On Murder Charges. (The Intercept, 2014).

de pruebas forenses rechazaron la afirmación del personal de Blackwater de qué les apuntaban con armas.[137] Las catorce víctimas asesinadas por los guardias de Blackwater fueron Ahmad Haitham Ahmad al-Rubaie, Mahassin Mohssen Kadhum Al-Khazali, Osama Fadhil Abbas, Ali Mohammed Hafedh Abdul Razzaq, Mohamed Abbas Mahmoud, Qasim Mohamed Abbas Mahmoud, Sa'adi Ali Abbas Alkarkh, Mushtaq Karim Abd Al-Razzaq, Ghaniyah Hassan Ali, Ibrahim Abid Ayash, Hamoud Sa'eed Abttan, Uday Ismail Ibrahiem, Mahdi Sahib Nasir y Ali Khalil Abdul Hussein.[138]

El ex primer ministro iraquí Nouri al-Maliki condenó las muertes en la plaza Nisoor y dijo que «el incidente fue nada menos que un desafío directo a la independencia de su nación. El gobierno iraquí es responsable de sus ciudadanos y no se puede aceptar que una empresa de seguridad lleve a cabo un asesinato».[139] Esta afirmación puede ser confrontada por el alcance de la literatura revisada en esta investigación, especialmente a través del lente de la emancipación y la seguridad humana.

Debido a los estrechos vínculos dentro del gobierno de Estados Unidos, el personal de Blackwater involucrado en el caso no fue procesado de inmediato. Más tarde, tras la protesta pública, el congreso de Estados Unidos presionó al Pentágono para que responsabilizara a los empleados de Blackwater. Los acusados tuvieron su juicio en Estados Unidos en un raro momento de responsabilidad de una industria bélica privada ilegal.[140] El francotirador que provocó el tiroteo fue condenado a cadena perpetua por asesinato. Los demás miembros de la empresa fueron condenados a 30 años de cárcel por homicidio voluntario y

---

[137] R. Goga. Privatization of Security in the 20th Century. From Mercenaries to Private Military Corporations. (Studia Universitatis Babeş-Bolyai Studia Europaea, 63(1), 2018) 261.

[138] Chulov and Safi, 2020

[139] E. Prince. Civilian Warriors: The Inside Story of Blackwater and the Unsung Heroes of the War on Terror. (1st Ed. New York: Penguin, 2014).

[140] J. Scahill. Blackwater Founder Remains Free and Rich While His Former Employees Go Down on Murder Charges (The Intercept, 2014).

uso de ametralladoras para producir delitos violentos.[141] A pesar de las cadenas, Scahill dice que eso no cambia el hecho de que quienes están en el poder (los directores ejecutivos, los altos funcionarios, los especuladores de guerra) caminarán libremente y quizá lo harán durante toda su vida.[142]

Welch afirma que procesar a los empleados de las PMC puede resultar difícil desde el punto de vista legal, ya que no son responsables según el Código Uniformado de Justicia Militar ni siquiera están definidos por las leyes internacionales. Además, sostiene, también falta de voluntad política para ello.[143]

De hecho, esta afirmación resultó ser cierta. El 22 de diciembre de 2020, el expresidente estadounidense Donald Trump concedió una serie de indultos presidenciales, una prerrogativa de los presidentes estadounidenses históricamente reservada a los delitos no violentos. Entre los indultados, había cuatro hombres estadounidenses condenados por múltiples actos criminales relacionados con el asesinato de civiles iraquíes en 2007. En el año 2015, Nicholas Slatten fue declarado culpable de asesinato en primer grado por los tribunales de Estados Unidos. Los otros tres estadounidenses, Paul Slough, Evan Liberty y Dustin Heard, fueron condenados por homicidio voluntario e intento de homicidio por el incidente en el que el equipo abrió fuego en una bulliciosa plaza de Bagdad. La acción resultó en la muerte de 14 civiles iraquíes desarmados.[144] Después de salir de prisión, Evan Liberty expresó poco remordimiento por sus acciones anteriores en su primera entrevista. «Siento que actué correctamente», dijo sobre el asesinato de civiles en 2007. «Lamento cualquier

[141] R. Goga. Privatization of Security in the 20th Century. From Mercenaries to Private Military Corporations. (Studia Universitatis Babeș-Bolyai Studia Europaea, 63(1), 2018) 262.

[142] J. Scahill. Blackwater Founder Remains Free and Rich While His Former Employees Go Down on Murder Charges (The Intercept, 2014).

[143] M. Welch. Fragmented Power and State-Corporate Killings: A Critique of Blackwater In Iraq. (Crime, Law and Social Change, 51(3-4), 2008) 359.

[144] Trump pardon of Blackwater Iraq contractors violates international law - UN, 2020.

pérdida de vidas inocentes, pero confío en cómo actúe y básicamente puedo sentir paz con eso».[145]

Curiosamente los cuatro contratistas trabajaron y fueron condenados por operar para las PMC Blackwater, una empresa propiedad del hermano de la secretaría de educación de Trump, Betsy DeVos. Su hermano, Erik Prince, ex sello de la Marina de los EE.UU., es el fundador de Backwater. Su padre es Edgar Prince, fundador de Prince Corporation. La revista Forbes clasificó a la familia como la número 88 más rica de Estados Unidos, con un patrimonio neto estimado de 5400 millones de dólares.[146]

El grupo de trabajo de la ONU sobre el uso de los mercenarios, presidido por Jelena Aparac (presidenta-relatora), emitió un comunicado sobre los indultos de Donald Trump, calificándolos de «afrenta a la justicia». Para el Grupo de Trabajo sobre el uso de mercenarios, conceder indultos a cuatro empleados convictos de una PMC implicados en crímenes de guerra en Irak violaba las obligaciones de Estados Unidos en virtud del derecho internacional. El organismo también convocó a todos los Estados parte de los Convenios de Ginebra a condenar los indultos.[147] Además, el Grupo de Trabajo de la ONU afirma hechos profundamente preocupantes que coinciden con la naturaleza central de la investigación de este libro y la teoría presentada por el autor como un escenario profundamente preocupante en el que las PMC operan de manera sombría con impunidad, falta de rendición de cuentas, y violar el derecho humanitario e internacional. Por lo tanto, es necesario reproducir su declaración en su totalidad con el propósito de exponer preocupaciones compartidas:

«Indultar a los contratistas de Blackwater es una ofensa a la justicia y a las víctimas de la masacre de la plaza Nisour y a sus

---

[145] Tucker, 2021.

[146] Richard DeVos & family, 2018

[147] OHCHR | US pardons for Blackwater guards an "affront to justice" – UN experts, 2020

familias», afirmó Jelena Aparac, presidenta-relatora del Grupo de Trabajo sobre el uso de mercenarios.

«Los Convenios de Ginebra obligan a los Estados a responsabilizar a los criminales de guerra por sus crímenes, incluso cuando actúan como contratistas de seguridad privados. Estos indultos violan las obligaciones de Estados Unidos en virtud del derecho internacional y, de manera más amplia, socavan el derecho humanitario y los derechos humanos a nivel mundial».

«Garantizar la rendición de cuentas por tales crímenes es fundamental para la humanidad y para la comunidad de naciones», dijo. «Los indultos, las amnistías o cualquier otra forma de exculpación por crímenes de guerra abren puertas a futuros abusos cuando los Estados contratan empresas militares y de seguridad privadas para funciones estatales inherentes».

Al Grupo de Trabajo le preocupa profundamente que, al permitir que los contratistas de seguridad privados operen con impunidad en los conflictos armados, se alentará a los Estados a eludir sus obligaciones en virtud del derecho humanitario subcontratando cada vez más las operaciones militares básicas al sector privado. (ACNUDH, 2020)[148]

Según la Casa Blanca durante la administración de Trump, el anuncio de los indultos fue «ampliamente apoyado por el público» y respaldado por varios legisladores republicanos.[149] Por otro lado los iraquíes se sintieron indignados por la medida de Trump. En una entrevista, Adil al-Khazali, cuyo padre Ali murió en el ataque, dijo que estaba consternado por la noticia. «La justicia no existe. Perdí a mi padre y también murieron muchas mujeres y niños inocentes», afirmó.[150]

Sin embargo, para un ex compañero de clase de Ahmad Haitham Ahmad al-Rubaie, asesinado a tiros en el episodio por el personal de Backwater, la desigualdad era parte de la mentalidad

___

[148] OHCHR | US pardons for Blackwater guards an "affront to justice" – UN experts, 2020
[149] Trump pardon of Blackwater Iraq contractors violates international law - UN, 2020
[150] Chulov and Safi, 2020

estadounidense en Irak. «Los estadounidenses nunca nos han tratado a los iraquíes como iguales». «En lo que a ellos respecta, nuestra sangre es más barata que el agua y nuestras demandas de justicia y rendición de cuentas son simplemente una molestia», afirmó.[151]

Esta afirmación coincide con la opinión del Dr. Haidar al-Barzanji, un investigador iraquí. Dijo: «Trump no tiene derecho a decidir, en nombre de las familias de las víctimas, perdonar a estos criminales. Está en desacuerdo con los derechos humanos y contra la ley. Según la ley iraquí, solo pueden ser indultados si las familias de las victimas los indultan».[152] Los relatos del ex compañero de Ahmad y el análisis presentado por el Dr. Haidar revelan la necesidad de rendición de cuentas, justicia, igualdad y Estado de derecho. Esas son las condiciones principales para que se produzca la paz, como se explorará en la segunda mitad de este libro. Los conflictos y agravios no resueltos generan un obstáculo para lograr la paz, especialmente en el caso de Irak, un país invadido por fuerzas extranjeras.

La gente en Irak tiene derecho a temer a Blackwater, su operación anterior en el país, o a cualquier tipo de PMC. «Solíamos tenerles terror, especialmente Blackwater, que era el más desagradable de todos», dijo Ribal Mansour, que escuchó el caos en la plaza Nisour y corrió al lugar.[153] De hecho, en Irak, el personal de blackwater disparó sus armas, mató e hirió con mucha más frecuencia que su contraparte en la guerra, DynCorp.

Entre el 1 de enero de 2005 y el 31 de diciembre de 2007, Blackwater disparó sus armas en al menos 323 incidentes que causaron 62 muertos y 85 heridos graves, mientras que su homólogo DynCorp disparó sus armas en 54 incidentes, matando a 11 personas y dejando a una herida grave.[154] Esto se debe a que Blackwater mantuvo una cultura militar relativamente belicosa

---

[151] Chulov and Safi, 2020

[152] Chulov and Safi, 2020

[153] Chulov and Safi, 2020

[154] S. Fitzsimmons. Wheeled Warriors: Explaining Variations in The Use of Violence by Private Security Companies in Iraq (Security Studies, 22(4), 2013) 708.

que ponía un fuerte énfasis en las normas para alentar a su equipo de seguridad a ejercer la iniciativa personal y el uso proactivo de la fuerza, motivando a su personal a usar la violencia con bastante libertad contra cualquier persona sospechosa de presentar una amenaza.[155]

Fitzsimmons afirma que el despliegue de una empresa, como Blackwater, con una fuerte cultura militar, es peligrosamente arriesgado porque es más probable que su personal cause más muertes y lesiones graves.[156]

A pesar de esta matanza y de la credibilidad tachada, hoy los contratos entre blackwater y la CIA no han llegado a su fin.[157] Además, hubo acusaciones contra el director general de Blackwater, Eric Prince, considerado un reservado supremacista cristiano de la derecha, y también por sus implicaciones en el fraude cometido contra el gobierno federal por facturas falsas.[158] A pesar de las probabilidades, Blackwater se convirtió en el ejército de mercenarios más poderoso. Después del incidente en Irak, un informe de la Oficina del Inspector General especial paro la reconstrucción de Irak (OIG) decía que el departamento de Estados Unidos y el departamento de defensa firmaron un memorando en el que acordaban el desarrollo conjunto, hoy la implementación de estándares básicos, políticas y procedimientos, responsabilidad, supervisión y disciplina para los PMC en Irak.[159] Además, en 2009, una auditoría conjunta del contrato de Backwater y la tarea de los Servicios Mundiales de Protección Personal en Irak encontró algunas irregularidades. El departamento de Estado de EE. UU. (Oficina de Seguridad Diplomática

---

[155] S. Fitzsimmons. Wheeled Warriors: Explaining Variations in The Use of Violence by Private Security Companies in Iraq (Security Studies, 22(4), 2013) 707.

[156] S. Fitzsimmons. Wheeled Warriors: Explaining Variations in The Use of Violence by Private Security Companies in Iraq (Security Studies, 22(4), 2013) 738.

[157] R. Goga. Privatization of Security in the 20th Century. From Mercenaries to Private Military Corporations. (Studia Universitatis Babeş-Bolyai Studia Europaea, 63(1), 2018) 262.

[158] F. Pervez. Blackwater: Can't Stop, Won't Stop (Foreign Policy In Focus, 2010).

[159] David Warren R.; Michael A. Bianco. Opportunities to Improve Processes for Reporting, Investigating, and Remediating Serious Incidents Involving Private Security Contractors in Iraq, 2009.

(por sus siglas en inglés: DSS)) recomendó una supervisión más estricta de los costos y el desempeño de Blackwater en Irak. El informe encontró incumplimiento de políticas como facturas mensuales pagadas sin una revisión adecuada y documentación respaldada; «Propiedades de Blackwater identificadas erróneamente como activos del gobierno y exceso de costos de viaje».[160]

El caso Blackwater también puede analizarse desde la perspectiva económica. La empresa poseía dos empresas de servicios de aviación que operaban más de 50 aviones y helicópteros y un barco de unos 56 metros de largo para entrenamiento naval. Blackwater también dirigía una fábrica que producía maquinas blindadas especiales y ofrecía un servicio de inteligencia llamado *Total Intelligence Solutions*, bajo el liderazgo de un ex funcionario de la CIA.[161]

Incluso después de la reacción mundial por su actuación en Irak, la empresa (anteriormente rebautizada como Xe) ganó un contrato de 100 millones de dólares para asegurar las bases estadounidenses en Afganistán, un logro notable para una empresa mundialmente conocida por su imagen negativa. Para el contrato en sí, Blackwater ofreció 26 millones de dólares menos que el siguiente postor, una cantidad significativa ya que el contrato era de 100 millones de dólares.[162]

La baja oferta fue posible gracias a sus estrechos vínculos con la administración de George W. Bush. Blackwater se vio enormemente beneficiada con los contratos en Irak, lo que le permitió crear una ventaja comparativa sobre sus rivales.

El crecimiento de Blackwater incluso después del escándalo de Irak, puede justificarse por la gran estrategia de Estados Unidos de mantener su presencia en más lugares que antes y mantener bases y tropas en más de 100 países.

---

[160] Joint Audit of Blackwater Contract and Task Orders for Worldwide Personal Protective Services in Iraq, 2009.

[161] R. Goga. Privatization of Security in the 20th Century. From Mercenaries to Private Military Corporations. (Studia Universitatis Babeş-Bolyai Studia Europaea, 63(1), 2018) 260.

[162] F. Pervez. Blackwater: Can't Stop, Won't Stop (Foreign Policy in Focus, 2010).

Empresas como Blackwater operan más allá del alcance de las leyes militares, lo que les permite una mayor discreción a la hora de aplicar fuerza desproporcionada para pacificar áreas y, en última instancia, ayudar a las ambiciones militares de EEUU de mantener tropas sobre el terreno, reduciendo los costos públicos y los riesgos políticos,[163] como se examinó anteriormente en la literatura.

Blackwater también representa las preocupaciones en términos de la dificultad para evitar que las PMC cometen atrocidades debido a su capacidad de cambiar de nombre, fusionarse o ramificarse para evitar ser rastreadas. A raíz de la publicidad negativa, Blackwater cambió su nombre a Xe Services y, actualmente y desde 2011 opera bajo el nombre de ACADEMI con una nueva junta directiva.[164]

En su sitio web, no se mencionan las marcas anteriores. La empresa se presenta como una oferta de «servicios de soporte gestionados» que permiten a sus clientes operar con éxito en ubicaciones remotas». ACADEMI sigue siendo una gran empresa que opera con cuatro oficinas regionales en Dubái, Lagos, Londres y Wachington D.C y ofrece cuatro instalaciones de capacitación en los EE. UU., capacitación basada en clientes, capacitación basada en escenarios, logística de la cadena de suministro, construcción, soporte vital y otros servicios. ACADEMI también dice que está comprometida con su Código de Ética y Conducta Empresarial y es miembro permanente del Código Internacional de Conducta para la Asociación de Proveedores de Servicios de Seguridad Privada.[165]

En respuesta a la pregunta planteada en este libro, un informe de la ONG «War on Want» que analiza el surgimiento de las PMC afirma que estas empresas son capaces de actuar en diferentes áreas, aumentando los abusos contra los derechos humanos,

---

[163] F. Pervez. Blackwater: Can't Stop, Won't Stop (Foreign Policy in Focus, 2010).
[164] Right Web - Institute for Policy Studies (2019).
[165] Academi.com (2019).

floreciendo el comercio de armas y provocando desestabilización política, una vez que estén operando en un vacío legal.[166]

Además, Fulloon afirma que las PMC tienen la capacidad de alterar significativamente el panorama militar estratégico de un conflicto, ya sea en un papel combativo o no combativo, como lo haría una fuerza de defensa nacional. Citando a serbios, croatas, sierraleoneses y angoleños,[167] El autor también enfatiza que todos aprendieron como la participación de las PMC en combate o fuera de combate podría cambiar el equilibrio del conflicto con las condiciones adecuadas. Refiriéndose también a las lecciones aprendidas en Irak,[168] Singer explica que la entrada del afán de lucro en el campo de batalla abre amplias y nuevas posibilidades y plantea varias cuestiones preocupantes para la democracia, la ética, la gestión, las leyes, los derechos humanos hola y la seguridad nacional e internacional. Según él, es hora de empezar a responder a estas inquietantes preguntas.

---

[166] Waronwant.org. Mercenaries Unleashed - The Brave New World of Private Military and Security Companies (2016).

[167] M. Fulloon. Non-State Actor: Defining Private Military Companies (Strategic Review for Southern Africa, 37(2), 2015) 29 et seq.

[168] P. Singer. Corporate Warriors - The Rise of The Privatized Military Industry. (Ithaca, N.Y.: Cornell University Press, 2008), 260.

Reexaminar la lógica política hacia la paz

5. Conceptualizando la guerra y la paz

Quizás la palabra «paz» sea una de las definiciones más difíciles de lograr, no solo en términos lingüísticos, sino también en estudios políticos, el área crucial del conocimiento en la que se centra este libro. Cualquier intento de definir el término podría caer en una simplificación excesiva. Sin embargo, como primer grado de análisis, tomaremos prestadas algunas ideas presentadas por Goodhand[169] como paz generalmente conceptualizada como la antítesis de la «guerra». Para Ogley,[170] este concepto escrito de paz «batir espadas para convertirlas en arados» es más fructífero, intelectualmente comparado con uno que se basa en su significado para convertirlo en sinónimo de utopía.

Sin embargo coma el concepto de paz ha ido cambiando a lo largo de la historia hacia una visión más amplia de lo que puede entenderse como paz más allá del significado establecido conocido como «paz negativa».[171] Galtung[172] reconoce como válida la afirmación «la paz es ausencia de violencia». Sin embargo, añade ideas esclarecedoras para ayudarnos a pensar en la paz de otra manera. Amplía el concepto de paz analizando la «violencia estructural», caracterizada por la desigualdad del poder. Este escenario debe ser enfrentado y abordado con un alcance alternativo para alcanzar un término catalogado por él como «paz positiva», definida como justicia social y distribución igualitaria de poder y recursos.[173]

Por lo tanto, según el análisis de Galtung, existe una correlación intrínseca entre el desarrollo social y económico como

---

[169] Goodhand, J. (1999). From wars to complex political emergencies: Understanding conflict and peacebuilding in the new world disorder. Third World Quarterly, 20(1), 14.

[170] R C Ogley, 'Peace' (2006), in Outhwaite & Bottomore, The Blackwell Dictionary of Modern Social Thought, 464.

[171] Goodhand, J. (1999). From wars to complex political emergencies: Understanding conflict and peacebuilding in the new world disorder. Third World Quarterly, 20(1), 14.

[172] Galtung, J. (1969). Violence, Peace, and Peace Research. Journal of Peace Research, 6(3), 167.

[173] Galtung, J. (1969). Violence, Peace, and Peace Research. Journal of Peace Research, 6(3), 183.

condición en el camino hacia la paz, lo que lleva a este autor a afirmar que la respuesta simplista de la ausencia de violencia al definir el término «paz» no es suficiente para lograrlo. Este libro destaca la desigualdad social como un aspecto esencial de este análisis, tratando de comprender cómo puede lograrse la paz. La violencia arraigada en la estructura, como lo explicó Galtung,[174] que aborda el poder desigual que en última instancia resulta en oportunidades de vidas desiguales, se agrava aún más en los casos en que las personas de bajos ingresos tampoco cuentan con educación, salud y poder. En consecuencia, la paz también puede plantearse aquí como la presencia de justicia para todos evitando la dicotomía simplista entre paz y conflicto, como sostiene Goodhand.[175] Según Galtung,[176] la paz concebida como «paz positiva» no es solo una forma de controlar el uso excesivo de la violencia, sino que también es una referencia al «desarrollo vertical», lo que significa que la teoría de la paz está intrínsecamente conectada no solo a la teoría del conflicto sino también a la teoría del desarrollo.

De ahí que la paz positiva, interpretada como justicia para todos, sea la primera respuesta que plantea este autor para abordar la pregunta, «¿cómo puede llegar la paz?». Sin embargo, antes de continuar con esta búsqueda para reunir más respuestas, este libro abordará otro termino difícil de definir: «guerra».

Existe una amplia gama de interpretaciones de la palabra «guerra». Si miramos a Ogley,[177] por ejemplo, al abordar la definición de guerra, la clasifica como el choque violento de unidades sociales organizadas. Thomas Hobbes representa otra forma de pensar y conceptualizar la guerra al expresar la creación de una

---

[174] Galtung, J. (1969). Violence, Peace, and Peace Research. Journal of Peace Research, 6(3), 171.

[175] Goodhand, J. (1999). From wars to complex political emergencies: Understanding conflict and peacebuilding in the new world disorder. Third World Quarterly, 20(1), 14.

[176] Galtung, J. (1969). Violence, Peace, and Peace Research. Journal of Peace Research, 6(3), 183.

[177] R C Ogley, `Peace` (2006), in Outhwaite & Bottomore, The Blackwell Dictionary of Modern Social Thought, 728.

autoridad jurídica para salvar la humanidad de su estado natural, que es una competencia violenta entendida como guerra.[178]

Sin embargo, este trabajo se apoya en Clausewitz[179] cuando dice que la guerra no es más que un duelo a gran escala, coincidiendo estrechamente con los análisis desarrollados aquí sobre el campo de la guerra como una continuación, incluso implementación, de propósitos y valores sociales.[180] El general también amplía la conceptualización al decir que «la guerra, por lo tanto, es un acto de violencia destinado a obligar a nuestro oponente a cumplir nuestra voluntad». En sus teorías militares podemos encontrar otro concepto crítico que nos ayuda a definir esta palabra. Uno de estos ejemplos es útil cuando Clausewitz[181] comparte su pensamiento universalmente citado de la guerra como «una mera continuación de la política por otros medios», un término ampliamente difundido en la tradición occidental.[182]

Desde la perspectiva de Clausewitz, es posible implicar que la guerra no es el espacio en el que la política y la diplomacia colapsan, abriendo las puertas a fuerzas bárbaras de combate. Ninguna de las guerras es el espacio donde la política ha alcanzado sus límites y ha progresado a otra etapa de acción, si no que la guerra es simplemente una herramienta política como medio para asegurar una ventaja cuando los medios civiles no logran asegurar propia voluntad.[183] Como sostiene Mansfield,[184] este concepto puede ser criticado, incluso interpretado como cínico.

---

[178] Mansfield, N. (2008). Theorising war: from Hobbes to Badiou. Basingstoke: Palgrave Macmillan, 9.

[179] Clausewitz, C. (1918). On war. London: K. Paul, Trench, Trubner.

[180] Mansfield, N. (2008). Theorising war: from Hobbes to Badiou. Basingstoke: Palgrave Macmillan, 9.

[181] Clausewitz, C. (1918). On war. London: K. Paul, Trench, Trubner.

[182] Mansfield, N. (2008). Theorising war: from Hobbes to Badiou. Basingstoke: Palgrave Macmillan.

[183] Mansfield, N. (2008). Theorising war: from Hobbes to Badiou. Basingstoke: Palgrave Macmillan, 28.

[184] Mansfield, N. (2008). Theorising war: from Hobbes to Badiou. Basingstoke: Palgrave Macmillan, 29.

Sin embargo, la formulación ha proporcionado la piedra de tope para la inclusión moderna de la guerra en la lógica de la vida social. Por tanto, la guerra se convierte en una expresión de un orden político particular.[185]

Clausewitz[186] explicó que la guerra es parte de la vida social y es un conflicto de intereses importantes que se diferencia de los demás solo por el derramamiento de sangre que provoca. Cómo sugerencia, Clausewitz ofrece una comparación entre la guerra y la competencia empresarial, que es, según él, un conflicto de intereses y actividades humanas. Así, la vida social podría entenderse como un lugar de conflicto. Por lo tanto, la guerra es parte de la vida diaria, ciertamente violenta y a gran escala, pero mundana, conocible e inmediatamente reconocible. Es la descendencia, el futuro de la sociedad.[187]

A pesar de los relatos de Clausewitz sobre la guerra, sin duda indispensables para la caracterización del pensamiento clásico del término, existe una amplia comprensión en el ámbito académico de cómo el término guerra ha ido cambiando en la era moderna debido a la complejidad de la guerra. Como sostienen Haug, Maaø y Strachan,[188] supuestamente vivimos en una era post Westfaliana, y 1990 representa una ruptura en la que cambió la noción misma de guerra. Goodhand[189] también ve en 1990 un nuevo resurgimiento de un conflicto étnico-nacionalista interno que atrajo la atención de la comunidad internacional y aumentó su asistencia humanitaria. Este cambio arroja luz sobre una amplia gama de preocupaciones internacionales, las crecientes bajas entre civiles y los desplazamientos forzados que generan movimientos migratorios masivos, como informó

---

[185] Mansfield, N. (2008). Theorising war: from Hobbes to Badiou. Basingstoke: Palgrave Macmillan, 29.

[186] Clausewitz, C. (1918). On war. London: K. Paul, Trench, Trubner.

[187] Mansfield, N. (2008). Theorising war: from Hobbes to Badiou. Basingstoke: Palgrave Macmillan, 29.

[188] Haug, K., Maaø, O. and Strachan, H. (2012). Conceptualising Modern War. 2nd ed. London: C. Hurst & Co, 2.

[189] Goodhand, J. (1999). From wars to complex political emergencies: Understanding conflict and peacebuilding in the new world disorder. Third World Quarterly, 20(1), 13,

el Alto Comisionado de las Naciones Unidas para los refugiados (ACNUR) en 2017 de 65,6 millones de personas desplazadas por la fuerza de todo el mundo.

Los cambios en el ethos del conflicto deben abordarse desde una perspectiva social, cultural, económica y de desarrollo a primera vista para allanar un camino en el que la paz, de hecho, pueda lograrse un construir nuevos caminos hacia la paz, como propuso Galtung en «la paz positiva», un concepto mencionado anteriormente en este libro. Por lo tanto, la discusión ya no se basa simplemente en la guerra entre Estados en conflictos a gran escala. Sin embargo, se ha desplazado hacia las emergencias políticas complejas, como examinaremos en detalle en la siguiente sección.

6. Emergencias políticas complejas, nuevas guerras, actores estatales y no estatales

Para abordar como puede lograrse la paz, es necesaria una nueva lente para explorar las raíces de los problemas globales a través de un enfoque diferente. Como sostiene Goodhand,[190] los análisis centrados simplemente en la relación tradicional entre Estados, capacidades militares y estrategias han sido reemplazadas por análisis culturales y sociales que reconocen las complejidades y la vialidad de predecir resultados.

En este contexto, la naturaleza del conflicto también ha cambiado. Además, la guerra (como ya se explicó en la definición de Clausewitz) puede entenderse actualmente como una nueva guerra. Según Kaldor,[191] lo nuevo se caracteriza por políticas de identidad en contraposición a los objetivos geopolíticos o ideológicos de las guerras previas. También trata una línea

---

[190] Goodhand, J. (1999). From wars to complex political emergencies: Understanding conflict and peacebuilding in the new world disorder. Third World Quarterly, 20(1), 14.

[191] Kaldor, M. (2001). New & Old Wars - Organised Violence in a Global Era. 1st ed. Cambridge: Polity Press, 6.

en el concepto que ella describe como nuevo nacionalismo relacionado con un sentido de desintegración, en contraste con el nacionalismo anterior que apuntaba a la construcción del Estado.[192] Otra distinción importante que hay que hacer es el cambio de tipo de guerra en las nuevas guerras, tomando prestadas técnicas de desestabilización de guerrilla y contrainsurgencia, sembrando miedo y odio para eliminar a personas de diferentes identidades.[193]

Como ella lo explicó, los resultados son asesinatos en masa, desplazamientos forzosos, combinados con medios de intimidación políticos, psicológicos y económicos, lo que resulta en un número vertiginoso de refugiados y población desplazada.

Además, Kaldor[194] contribuye a aclarar nuestra compresión de la rentabilidad de la guerra y (cuán complejas podrían ser las nuevas guerras) al abordar la economía de la guerra globalizada. Sugiere que estas guerras se financian mediante actividades criminales o ilegales que generan más guerras. Kaldor,[195] por ejemplo, expone una correlación entre grupos paramilitares y criminales. El primero tiene una motivación económica considerable. En cuanto al conflicto de Bosnia, los grupos criminales pudieron ampliar sus actividades ilegales y las organizaciones paramilitares participaron en movimientos del mercado negro y cooperaron entre sí. Por lo tanto, Kaldor[196] explica la economía mafiosa creada en la guerra generando una lógica auto sostenible para la guerra que resulta en el mantenimiento de fuentes lucrativas de ingresos y también

---

[192] Kaldor, M. (2001). New & Old Wars - Organised Violence in a Global Era. 1st ed. Cambridge: Polity Press, 39.

[193] Kaldor, M. (2001). New & Old Wars - Organised Violence in a Global Era. 1st ed. Cambridge: Polity Press, 8.

[194] Kaldor, M. (2001). New & Old Wars - Organised Violence in a Global Era. 1st ed. Cambridge: Polity Press, 8.

[195] Kaldor, M. (2001). New & Old Wars - Organised Violence in a Global Era. 1st ed. Cambridge: Polity Press, 53.

[196] Kaldor, M. (2001). New & Old Wars - Organised Violence in a Global Era. 1st ed. Cambridge: Polity Press, 55.

protección a los criminales contra procesos legales en tiempos de paz posteriores.

De hecho, algunos casos de criminalidad se convierten en una norma política en tiempos de guerra, como Afganistán, donde se ha desarrollado una economía de guerra en torno al tráfico de drogas. Por lo tanto, los señores de la guerra tienen su propio interés en continuar con el comercio de opio, apoyando el conflicto ya que se beneficiaron de este. En este caso, la paz perturbaría el sistema de producción, poniendo fin a la fuente que proporciona medios de vida a los señores de la guerra y sus seguidores.[197] Por lo tanto, la paz, concebida únicamente como ausencia de violencia, no es una solución sencilla que satisfaga a todas las partes involucradas. Más bien, podría convertirse en otra fuente de conflicto, guerra y violencia. Estas complejas emergencias políticas provocadas por las nuevas guerras hacen difícil distinguir entre zonas de guerra y zonas aparentes de paz.[198]

Estas no son líneas claramente marcadas como solían estarlo en el pasado. Además, como sostiene Kaldor,[199] es difícil distinguir entre lo político y lo económico, lo público y lo privado, lo militar y lo civil, y se ha vuelto cada vez más difícil distinguir entre guerra y paz.

Por ejemplo, en el caso de Afganistán, según la Oficina de las Naciones Unidas contra la Droga y el Delito (UNODC), 2017 registró un alto record de cultivo de opio en el país, alcanzando las 328 000 hectáreas, un aumento del 63 % respecto a los años anteriores. Esta actividad ilegal generó entre 4100 y 6600 dólares de ingresos en 2017, lo que representa hasta el 32 % del PIB del país y, con diferencia, superó las exportaciones licitas de bienes y servicios de Afganistán, que representan solo el 7 % de su PIB.

---

[197] Goodhand, J. (1999). From wars to complex political emergencies: Understanding conflict and peacebuilding in the new world disorder. Third World Quarterly, 20(1), 17.

[198] Kaldor, M. (2001). New & Old Wars - Organised Violence in a Global Era. 1st ed. Cambridge: Polity Press, 110.

[199] Kaldor, M. (2001). New & Old Wars - Organised Violence in a Global Era. 1st ed. Cambridge: Polity Press, 110.

Aun así, según la ONU, la producción de opio crea una especie de simbiosis intrínseca que amenaza el desarrollo de los afganos. Si bien se trata de una actividad ilegal que alimenta la inseguridad, la violencia y financia la insurgencia del grupo rebelde talibán, este cultivo ilícito también proporciona hasta 354 000 puestos de trabajo a tiempo completo en zonas rurales, asegurando los medios de vida de muchos afganos involucrados en el cultivo, trabajando en campos de amapola o participando en el tráfico ilegal de drogas.[200]

Lograr la paz en Afganistán pasa por encontrar soluciones sostenibles que se acerquen al grado en que el cultivo de opio seguirá desempeñando un papel sustancial en la economía del país en un contexto posconflicto, como se abordará en este libro en la siguiente unidad. El resultado de este delicado proceso de paz podría sentar un precedente en beneficio de organizaciones criminales, como en el caso el llamado Estado Islámico, que también se benefició enormemente de la guerra.

Blannin[201] argumentó que, en el siglo XXI, las redes terroristas internacionales emergentes habían desdibujado la línea entre terrorismo y crímenes convencionales. En cuanto al Estado Islámico, el grupo es relativamente autosuficiente y no depende de Estados externos. Antes de ser supuestamente debilitado y destruido por las operaciones llevadas a cabo por la coalición liderada por Estados Unidos, el Estado Islámico ocupó un vasto territorio en Irak y Siria, obteniendo en 2015 hasta 1200 millones de dólares de actividades criminales como la extorsión en forma de impuestos, el secuestro, robo, cobro por protección y especialmente por contrabando de petróleo, armas, personas y antigüedades.[202] Solo

---

[200] Unodc.org. (2018). Last year's record opium production in Afghanistan threatens sustainable development, latest survey reveals. [online] Available at: https://www.unodc.org/unodc/en/frontpage/2018/May/last-years-record-opium-production-in-afghanistan-threatens-sustainable-development--latest-survey-reveals.html [Accessed 29 Apr. 2019].

[201] Blannin, P. (2017). Islamic State's Financing: Sources, Methods and Utilisation. Counter Terrorist Trends and Analyses, 9(5), 13.

[202] Blannin, P. (2017). Islamic State's Financing: Sources, Methods and Utilisation. Counter Terrorist Trends and Analyses, 9(5), 13.

con los ingresos provenientes de la venta de petróleo y productos refinados, el Estado Islámico obtuvo ganancias de 40 millones de dólares mensuales en 2015 en Libia, Irak, Egipto y Siria. El grupo también amplió su negocio de guerra al cobrar impuestos a los traficantes de personas que traficaron al menos 250 000 personas que viajaron a Europa a través del peligroso cruce del mar Mediterráneo en 2016.[203] En otras palabras, mientras impone la violencia y genera miedo en sus territorios controlados, el Estados Islámico también se beneficia de aquellos que huyen del horrible conflicto. Al abordar nuevas guerras, luchar contra el Estado Islámico y reemplazar sus métodos crueles por la paz es un desafío actual. Debido a la característica autosuficiente del Estado, como argumenta Blannin,[204] las sanciones tradicionales no serían efectivas como lo fueron en el pasado cuando se usaron contra otros grupos terroristas como Al-Qaeda, Al-Shabaab, Boko Haram y Lashkar-e-Taiba.

Además, debemos agregar el hecho de cómo el Estado Islámico se apropió sabiamente de internet no solo creando una poderosa máquina de propaganda para difundir su mensaje globalmente sino también reclutando nuevos soldados en línea. Los documentos han demostrado que debido a un nivel complejo de sistema burocrático y profesionalismo, incluso perdiendo territorio en Siria, Libia e Irak, el grupo podría ser sostenible.[205]

Como afirmó Blannin,[206] a pesar de los esfuerzos realizamos por la coalición liderada por Estados Unidos para debilitar el Estado Islámico, los canales de tráfico de personas creados por

---

[203] Blannin, P. (2017). Islamic State's Financing: Sources, Methods and Utilisation. Counter Terrorist Trends and Analyses, 9(5), 13.

[204] Blannin, P. (2017). Islamic State's Financing: Sources, Methods and Utilisation. Counter Terrorist Trends and Analyses, 9(5), 21

[205] Blannin, P. (2017). Islamic State's Financing: Sources, Methods and Utilisation. Counter Terrorist Trends and Analyses, 9(5), 21

[206] Blannin, P. (2017). Islamic State's Financing: Sources, Methods and Utilisation. Counter Terrorist Trends and Analyses, 9(5), 16.

la organización terrorista seguirán siendo una fuente viable de financiación de recursos humanos y equipos.

Por lo tanto, este libro sostiene que la paz solo puede lograrse cuando se la considera como un término más amplio, tal como Galtung[207] presenta el concepto de paz positiva. Si bien los bombardeos realizados por la coalición liderada por Estados Unidos son válidos para reducir los activos del EI, es necesario un plan de paz más amplio. Dado que el Estado Islámico no fue completamente derrotado, sin pensar inteligentemente en la paz, el grupo puede resurgir y sus métodos barbaros y brutales para gobernar el llamo Califato, como una versión subvertida de un Estado, podrían frenar los esfuerzos por la paz no solo en las zonas donde opera el grupo sino a toda la comunidad internacional. Cuando se trata de este tema, Goodhand[208] ofrece pistas esclarecedoras sobre cómo lograr la paz en el proceso de consolidación de la paz.

Goodhand[209] afirma que la paz requiere transformación social y debe construirse con el tiempo. Por lo tanto, desde esta perspectiva, podemos asumir que la paz se produce, como escribió, cuando abarca cuestiones económicas, sociales, culturales, políticas y humanitarias. Estas características se cruzan con las ideas presentadas en este trabajo anteriormente como la paz como un concepto más expansivo. Esto significa también incluir a diferentes y nuevos actores en el proceso de logro de la paz, por ejemplo, y la perspectiva de género desde las mujeres. Los conflictos pueden alterar las relaciones de género. Por lo tanto, un análisis de género del conflicto en el proceso de consolidación de la paz aumenta la probabilidad de paz.[210]

---

[207] Galtung, J. (1969). Violence, Peace, and Peace Research. Journal of Peace Research, 6(3),

[208] Goodhand, J. (1999). From wars to complex political emergencies: Understanding conflict and peacebuilding in the new world disorder. Third World Quarterly, 20(1).

[209] Goodhand, J. (1999). From wars to complex political emergencies: Understanding conflict and peacebuilding in the new world disorder. Third World Quarterly, 20(1), 16.

[210] Goodhand, J. (1999). From wars to complex political emergencies: Understanding conflict and peacebuilding in the new world disorder. Third World Quarterly, 20(1), 21.

Goodhand[211] también aborda el concepto de confianza mutua, cooperación y capital social como instrumentos para construir la paz en el futuro, especialmente entre familias, interesados y vecinos, y en un entorno donde la falta de capital social hace que el conflicto sea más probable. Al abordar la agencia humana, la estructura social y el conflicto, Goodhand[212] ofrece otra herramienta vital para pensar en la consolidación de la paz. Según expresa, los conflictos requieren un análisis detallado de la relación entre individuos y estructuras dentro de emergencias políticas complejas[213] para comprender y tener algunas pistas sobre cómo abordar el conflicto generando paz. La transformación de las estructuras sociales aumenta las condiciones para lograr la paz.[214]

Kaldor[215] afirma que lo que se consideraban efectos secundarios indeseables e ilegítimos de la vieja guerra se han convertido en la «nueva normalidad» y modo central de librar las nuevas guerras. También dice que las nuevas guerras se comparan con una revisión del primitivismo. Por lo tanto, este libro sostiene que solo nuevos enfoques en los análisis sociales y culturales del desarrollo podrían crear las condiciones para que se produzca la paz. Sólo un proceso interseccional de consolidación de la paz puede traer la paz en un mundo de nuevas guerras y actores que desempeñan roles diferentes y sustanciales.

Comprender como han cambiado las guerras o encontrar soluciones sostenibles para lograr la paz abarca pensamientos

---

[211] Goodhand, J. (1999). From wars to complex political emergencies: Understanding conflict and peacebuilding in the new world disorder. Third World Quarterly, 20(1), 21.

[212] Goodhand, J. (1999). From wars to complex political emergencies: Understanding conflict and peacebuilding in the new world disorder. Third World Quarterly, 20(1), 22.

[213] Goodhand, J. (1999). From wars to complex political emergencies: Understanding conflict and peacebuilding in the new world disorder. Third World Quarterly, 20(1), 23

[214] Goodhand, J. (1999). From wars to complex political emergencies: Understanding conflict and peacebuilding in the new world disorder. Third World Quarterly, 20(1), 23.

[215] Kaldor, M. (2001). New & Old Wars - Organised Violence in a Global Era. 1st ed. Cambridge: Polity Press, 100.

expresados por Harari[216] cuando dice que hay algo más lucrativo que la guerra y es la paz. Según el, la paz genuina no es la ausencia de guerra, sino la inverosimilitud de la guerra. Sostiene que vivimos en la era más pacífica de la historia en comparación con el pasado y cuando ocurrieron las guerras interestatales globales. Sin embargo, son cada vez más improbables debido a algunos factores. Uno de esos factores es, irónicamente, fruto de las guerras, que son las armas nucleares.

Aumentan significativamente el costo de la guerra, persuadiendo al uso de la fuerza. Recordando el pasado, Harari también explica que los conflictos se basaban en la conquista o el robo de riqueza, y que en el mundo actual la riqueza consiste en capital humano, conocimiento y estructuras sociales y económicas complejas.

Aumentan significativamente el costo de la guerra, persuadiendo al uso de la fuera. Recordando el pasado, Harari[217] también explica que los conflictos se basaban en la conquista o el robo de riqueza, y que en el mundo actual la riqueza consiste en capital humano, conocimiento y estructuras sociales y económicas complejas.

Por lo tanto, al abordar las guerras, Harari[218] sostiene que hoy ocurren en aquellas regiones donde la riqueza siegue siendo el antiguo tipo de material, lo que hace que sea más fácil robar. También comparte la lógica de que un factor alimenta a otro. Por ejemplo, la amenaza del exterminio nuclear refuerza el pacifismo, lo que hace que la guerra sea más rara, y los vínculos comerciales más fuertes en última instancia, aumentan los beneficios de la paz y los costos de la guerra. Según él, cuanto más se

---

[216] Harari, Y. (2012). There is one thing more lucrative than war: Peace. [online] haaretz.com. Available at: https://www.haaretz.com/analysis-the-end-of-war-1.5268517 [Accessed 30 Apr. 2019].

[217] Harari, Y. (2012). There is one thing more lucrative than war: Peace. [online] haaretz.com. Available at: https://www.haaretz.com/analysis-the-end-of-war-1.5268517 [Accessed 30 Apr. 2019].

[218] Harari, Y. (2012). There is one thing more lucrative than war: Peace. [online] haaretz.com. Available at: https://www.haaretz.com/analysis-the-end-of-war-1.5268517 [Accessed 30 Apr. 2019].

acostumbra la gente a vivir en un mundo sin guerras, más fácil resulta prevenirlas.[219]

Las ideas presentadas por Harari se suman al punto planteado en este capítulo sobre la paz vista, pensada, planificada y aplicada ampliamente para hacerla realidad. Como argumentó Richards,[220] analizando el caso de Sierra Leona en África, si la guerra se extendió desde su sentido cultural, entonces la búsqueda de la paz puede seguir caminos similares. Lograr la paz en emergencias políticas complejas depende las sociedades en las que ocurren, como explica Goodhand[221] expresa también que aquellos agentes externos interesados en construir la paz deben tener presente y reconocer que, en el mejor de los casos, solo pueden contribuir a la construcción de capacidades que aumenten las probabilidades de paz. Un tema que discutiremos y analizaremos en la siguiente sección.

7. La lucha por la paz en una situación compleja política y económica en Afganistán

Basado en el enfoque teórico presentado anteriormente, este libro abordará brevemente la situación de Afganistán en términos de negociaciones de paz. En el caso de Afganistán, las conversaciones de paz han estado en curso durante muchos años. Por lo tanto, hay numerosos desafíos que deben resolverse antes de que se logre la paz. Incluso si se alcanza un acuerdo pronto, las raíces y causas de la inestabilidad en el país deberán abordarse con firmeza durante las próximas décadas para que la paz sea sostenible.

---

[219] Harari, Y. (2012). There is one thing more lucrative than war: Peace. [online] haaretz.com. Available at: https://www.haaretz.com/analysis-the-end-of-war-1.5268517 [Accessed 30 Apr. 2019].

[220] Richards, P. (2008). Fighting for the Rain Forest - War, Youth & Resources in Sierra Leone. 6th ed. Oxford: Internat. African Inst. in assoc. with James Currey.

[221] Goodhand, J. (1999). From wars to complex political emergencies: Understanding conflict and peacebuilding in the new world disorder. Third World Quarterly, 20(1), 24.

Como hemos comentado anteriormente, lograr la paz en el mundo actual debe seguir enfoques diferentes a los explorados por líderes mundiales hace años. Pensar en resolver conflictos va mucho más allá de simplemente analizar la codicia, los agravios, la identidad o el nacionalismo. Esta tarea también implica un grado de análisis que abarque las dimensiones políticas y económicas arraigadas en el conflicto.

En este sentido, es precisamente el caso de Afganistán, donde se ha celebrado un acuerdo de paz entre Estados Unidos y los talibanes en negociaciones de alto nivel que intentan poner fin a una guerra de más de dos décadas, la más larga de la historia estadounidense. Aunque Estados Unidos ha llevado a cabo más de 200 ataques con el objetivo de desmantelar la producción y el comercio de narcóticos de los talibanes, el negocio de las drogas ha experimentado un auge[222] (como se explica en este libro en la última unidad) y se han contabilizado hasta 6600 millones de dólares o 32 % del PIB de Afganistán y proporciona 354 000 puestos de trabajo a tiempo completo.[223] Estados Unidos suspendió silenciosamente su fallida operación, denominada «tempestad de hierro», contra los talibanes.

La fallida estrategia militar estadounidense se convirtió en un resultado costoso de la guerra más larga del país contra el cultivo de amapola en rápido crecimiento en Afganistán. Actualmente, si Estados Unidos está dispuesto a lograr la paz en Afganistán, el comercio de opio, incluso siendo ilegal, debe abordarse y gestionarse en conversaciones de paz. Quizás el fracaso de la estrategia militar clásica llevada a cabo por Estados Unidos no consideró sabiamente caminos para afrontar nuevas guerras. Una de las razones surge en la definición de Duffield y

[222] Hennigan, W. (2019). http://time.com. [online] Time. Available at: http://time.com/5534783/iron-tempest-afghanistan-opium/ [Accessed 30 Apr. 2019].

[223] Unodc.org. (2018). Last year's record opium production in Afghanistan threatens sustainable development, latest survey reveals. [online] Available at: https://www.unodc.org/unodc/en/frontpage/2018/May/last-years-record-opium-production-in-afghanistan-threatens-sustainable-development--latest-survey-reveals.html [Accessed 29 Apr. 2019].

Donini[224] de aplicar un concepto llamado «paz imperial» para resolver las nuevas guerras. La paz imperial está vinculada al control territorial directo donde las poblaciones eran gobernadas a través de medios de autoridad judiciales y autocráticos. El uso imperial de la paz abordó la oposición mediante el uso de formas físicas y jurídicas de pacificación.

Quizás, incluso antes, el modo previo de Estados Unidos de combatir el terrorismo allanó el camino para la producción de opio, como explicó Goodhand[225] en las intervenciones internacionales que reforzaron las tensiones en un país no establecido por sus fronteras, el proceso de formación del Estado y su colapso. El apoyo de 7 millones de dólares de Estados Unidos a los señores de la guerra en un esfuerzo por combatir el terrorismo (proporcionándoles apoyo financiero) creó una fuente de expansión para la economía ilegal.

Las economías del opio y el contrabando han proporcionado autonomía a los señores de la guerra e invertido la lógica del poder de las regiones sobre el centro,[226] haciendo que la afirmación original de nuestro análisis: «si la guerra es tan rentable», sea cierta. En el caso de un acuerdo de paz sin un plan claro sobre cómo resolver esta relación intrínseca, se alterarían los sistemas de producción y comercio que proporcionan medios de vida tanto a los señores de la guerra como a sus seguidores.[227]

Para comprender el cultivo de opio y su economía, este libro comparte la visión de Goodhand de ver más allá y debajo del Estado, además de una perspectiva amplia de la tierra.[228]

---

[224] Duffield, M. and Donini, A. (2014). Global Governance and the New Wars - The Merging of Development and Security. New York: Zed Book, 34.

[225] Goodhand, J. (2005). Frontiers and Wars: The Opium Economy in Afghanistan. Journal of Agrarian Change, 5(2), 202

[226] Goodhand, J. (2005). Frontiers and Wars: The Opium Economy in Afghanistan. Journal of Agrarian Change, 5(2), 203

[227] Goodhand, J. (2005). Frontiers and Wars: The Opium Economy in Afghanistan. Journal of Agrarian Change, 5(2), 211.

[228] Goodhand, J. (2005). Frontiers and Wars: The Opium Economy in Afghanistan. Journal of Agrarian Change, 5(2), 214

Abordar la producción de opio no es el único obstáculo que hay que lograr en Afganistán. Si las mujeres no formarán parte del Acuerdo Paz, este no podría lograrse en el sentido de «paz positiva» como justicia para todos y reparto equitativo del poder, como defendió Galtung.[229] Según las estadísticas, 75 000 civiles han muerto en el conflicto y el 8,3 % de las víctimas eran mujeres.[230] Las mujeres sufrieron de muchas maneras, ya sea siendo atacadas, violadas, asesinadas, pero también habiendo perdido a sus seres queridos, maridos padres o hijos arrebatados por la guerra. Por lo tanto, la red de mujeres afganas está comprometida a tratar de ser parte de las convenciones de paz. Uno de sus llamamientos es: «exigimos que las mujeres afganas, como la mitad de la población del país, tengan una participación significativa y efectiva en todas las etapas de la paz en el país y no sean ignoradas en este proceso».[231]

Al igual que Galtung, para la asociación de mujeres afganas, la paz significa justicia social, ya que afirman: «creemos que fortalecer la buena gobernanza y garantizar el Estado de derecho conducirá a la igualdad, evitará la discriminación y conducirá a la paz. Por lo tanto, pedimos al Gobierno de Afganistán que allane el camino hacia una paz justa y duradera en el país, haciendo mayor hincapié en el fortalecimiento de la buena gobernanza, el Estado de derecho y la justicia. Por lo tanto, sin la participación de las mujeres en las conversaciones de paz, la paz resultar menos probable en Afganistán, como dijeron Kaufman y Williams[232] basándose en pruebas que sugieren que la sociedad se beneficiará de la inclusión de las mujeres en todos los aspectos del proceso de paz, pero a menudo se les impide participar en él.

---

[229] Galtung, J. (1969). Violence, Peace, and Peace Research. Journal of Peace Research, 6(3),

[230] Awn-af.net. (2019). Afghan Women's Network. [online] Available at: http://awn-af.net/index.php/cms/press_detail/1524/12 [Accessed 30 Apr. 2019].

[231] Awn-af.net. (2019). Afghan Women's Network. [online] Available at: http://awn-af.net/index.php/cms/press_detail/1524/12 [Accessed 30 Apr. 2019].

[232] Kaufman, J. and Williams, K. (2015). Women, DDR and Post-Conflict Transformation: Lessons from the Cases of Bosnia and South Africa. Journal of Research in Gender Studies, 5(2), 14.

En la complejidad de la guerra, si bien las tropas estadounidenses pueden representar una amenaza para los combatientes talibanes, también pueden representar cierta estabilidad específica para muchas mujeres afganas. Temen a los insurgentes como gobernantes en un modelo de poder compartido para gobernar el país cuando las tropas estadounidenses abandonan el país por completo, como el plan de retirada de tropas estadounidenses anunciado por el presidente estadounidense Joe Biden en 2021. Para algunos de ellos, la paz con los talibanes significará el fin de su libertad.[233]

Sin resolver sus quejas, la paz no puede lograrse en Afganistán, como afirmó el grupo: «la solución al conflicto en Afganistán debe alcanzarse por medios pacíficos. Por lo tanto, nosotras, las mujeres, apoyamos incondicionalmente las conversaciones de paz entre todas las partes en el conflicto».

Sin embargo, cualquier acuerdo de paz que excluya una garantía firme de nuestros derechos, cuyo acceso y ejercicio hemos logrado a través duras luchas en los últimos diecisiete años, será absolutamente inaceptable.[234]

Pensar en alcanzar la paz como justicia para todos vinculados con otras áreas temáticas, que abarcan lo social, culturales, político y económico, en un concepto más amplio, como viene dialogando este trabajo, es un largo proceso de construcción de paz. Kaufman y Williams[235] arrojan luz sobre la necesidad de tener en cuenta la relación entre poner fin a los conflictos armados y la violencia, establecer la paz y, más significativamente, una paz que pueda garantizar la seguridad de las mujeres y las niñas como afirman las mujeres afganas que quieren garantizar la seguridad

[233] Nordland, R., Faizi, F. and Abed, F. (2019). Afghan Women Fear Peace with Taliban May Mean War on Them. [online] Nytimes.com. Available at: https://www.nytimes.com/2019/01/27/world/asia/taliban-peace-deal-women-afghanistan.html [Accessed 30 Apr. 2019].

[234] Awn-af.net. (2019). Afghan Women's Network. [online] Available at: http://awn-af.net/index.php/cms/press_detail/1524/12 [Accessed 30 Apr. 2019].

[235] Kaufman, J. and Williams, K. (2015). Women, DDR and Post-Conflict Transformation: Lessons from the Cases of Bosnia and South Africa. Journal of Research in Gender Studies, 5(2), 42.

en su lugar en la sociedad y ser consideradas en el proceso de paz. El grupo Talibán predica lo contrario e incluso aboga por la no educación de mujeres y niñas. Como señalarían muchas teóricas feministas, las mujeres educadas y con conocimiento en el país son vistas como una amenaza por el grupo radical y también como una afrenta al control y poder del Talibán sobre Afganistán. También es digno de mención pensar en qué roles desempeñaron las mujeres afganas a nivel comunitario y de base durante un conflicto que ayuda a brindar seguridad en la era posterior al conflicto.[236]

Aunque este libro explora solo dos casos entre muchos más relacionados con las complejidades del conflicto en Afganistán, ejemplifica como lograr y hacer realidad la paz requiere pensar la paz, o la paz positiva, como un concepto amplio que abarca diferentes áreas temáticas.

8. Conclusión

Como ha demostrado esta investigación, las PMC tienen el potencial de desestabilizar, hasta cierto punto, el sistema de seguridad internacional. Está claro que estas empresas tienen una capacidad relativa de causar disturbios, especialmente cuando son contratadas para luchar dentro de estados rebeldes y fallidos o contra ellos. Un error de cálculo o una medida intencionada pueden desencadenar guerras aún más prolongadas o conflictos importantes. Por lo tanto, mirando a través de la lente específica del marco de seguridad, las PMC se plantean como una amenaza a la seguridad humana, la emancipación y, también, pueden cambiar sustancialmente el curso de los acontecimientos, como se examinó anteriormente en Irak.

---

[236] Kaufman, J. and Williams, K. (2015). Women, DDR and Post-Conflict Transformation: Lessons from the Cases of Bosnia and South Africa. Journal of Research in Gender Studies, 5(2), 42.

Sin embargo, las PMC no parecen haber alcanzado aún el poder y la capacidad para cambiar por completo la disposición actual del orden internacional y, en última instancia, librar una guerra interestatal que cambie el sistema de seguridad global. Sin embargo, el actual movimiento del Estado subcontratando algunas de sus funciones, siguiendo una doctrina económica neoliberal de reducción de costos y generación de eficiencia, puede cambiar en el futuro la actual concepción del Estado tal como se la conoce hoy en día. Y desde esta perspectiva, el orden global podría cambiar. Está claro que las PMC y la subcontratación de la guerra es un proceso continuo y, siendo así, todos los resultados son posibles.

La naturaleza de la guerra ha cambiado beneficiada por los avances tecnológicos y la Revolución de Asuntos Militares (RMA), reduciendo las tropas sobre el terreno, por ejemplo. El orden posterior a 1945 se ha visto desafiado últimamente por el surgimiento de nuevas grandes potencias, como China y la India. Por lo tanto, el Estado también puede estar involucrado en este proceso de externalizar su monopolio de la violencia con PMC, aliadas con la mentalidad de los estadistas de reducir sus riesgos políticos mientras persiguen intereses nacionales en el extranjero. A pesar de este fenómeno, que abarca un enfoque multidisciplinario que reúne estudios de guerra, política, relaciones internacionales y economía, también existe la necesidad de cambios en términos de ley para responsabilizar a las PMC ilegales. Cabe mencionar que no todas las PMC operan de manera sombría.

Hay algunas excepciones. No obstante, una regulación integral para las PMC ciertamente obligaría a esas empresas a cumplir con deberes, responsabilidades, conducta ética y respetar las leyes internacionales y humanitarias. Quizás debido a la falta de voluntad política (ya que las PMC podrían beneficiar las ambiciones electorales de los políticos) esta regulación internacional tal vez nunca llegue a producirse. Por otro lado, las PMC puede ejercer libremente su trabajo, socavando estados, regiones, vidas y operando en un mercado oscuro, que aún necesita ser comprendido y analizado en profundidad.

Si bien está comprobado que las PMC pueden causar algún tipo de desestabilización dentro del sistema internacional, aún falta entender el alcance de los daños que podrían producir y que deberían ser abordados en futuras investigaciones. Principalmente porque las lagunas en la ley permiten que las PMC operen, el verdadero poder de guerra de estas empresas sigue siendo desconocido. Los académicos e investigadores a menudo se basan en estimaciones de las capacidades de las PMC y en muy poca información que sale a la luz después de escándalos públicos, como el de Blackwater, bien armado e igualmente peligroso desde el punto de vista militar.

Dado que la naturaleza de la guerra ha cambiado a lo largo de la historia, futuras investigaciones deberían incorporar no solo los temas de literatura tradicional de Relaciones Internacionales, como la capacidad militar, el poder y el orden internacional, sino también la realización de la ciberguerra y como actuarán las PMC utilizando estas herramientas aun no abordado en estudios anteriores. Además, nuevos estudios pueden incorporar el peligro y el potencial del uso de inteligencia artificial (IA) por parte de estas empresas militares privadas. Por otro lado, como ha demostrado este libro, la paz solo puede lograrse cuando se aborda más allá de sus términos semánticos y más allá de la conceptualización como la antítesis de la «guerra».[237] La paz debe abordarse desde el ángulo de la «paz positiva», uniendo un análisis más completo de la violencia estructural, la desigualdad estructural y la distribución desigual del poder para lograr la justicia social y la distribución igualitaria de los recursos de poder.[238] Por lo tanto, se debe abordar el desarrollo social y económico en

---

[237] Goodhand, J. (1999). From wars to complex political emergencies: Understanding conflict and peacebuilding in the new world disorder. Third World Quarterly, 20(1), 14.

[238] Galtung, J. (1969). Violence, Peace, and Peace Research. Journal of Peace Research, 6(3), 183.

un intento de lograr la paz. Además, la paz también debe ampliarse en el sentido de justicia para todos y plantearse como un paso fuera de la dicotomía entre paz y guerra.

Dicho esto, la afirmación de Clausewitz de «la guerra como una mera continuación de la política por otros medios», ampliamente arraigada en la tradición occidental,[239] es de hecho precisa y plausible para explicar la guerra interestatal y la guerra como parte de la vida social. Sin embargo, desde el fin de la Guerra Fría hasta el periodo actual de la historia, comprender los conflictos, la violencia y las guerras requiere pasar por nuevas guerras y emergencias políticas complejas, que han cambiado la caracterización de la guerra como se conocía antes. Esta nueva era requiere un análisis centrado en los aspectos culturales y sociales de los conflictos.[240]

Por lo tanto, entendiendo las características multifacéticas de la nueva guerra, que van desde las tácticas de guerrilla, la desestabilización contrainsurgente, la autofinanciación hasta las actividades ilegales y criminales, es posible concebir porque hay 65,6 millones de personas desplazadas por la fuerza en el mundo (ACNUR), la producción ilegal del opio como responsable de hasta el 32 % del PIB de Afganistán (ONUDD) o cómo el Estado Islámico se volvió relativamente autosuficiente y obtuvo ganancias de 1200 millones de dólares.[241]

Las complejas emergencias políticas hicieron difícil distinguir entre zonas de guerra y de paz.[242] Además, los métodos tradicionales de combatir las guerras por si solos ya no son eficaces para lograr la paz en el mundo actual, rodeado de guerras complejas y rentables.

---

[239] Mansfield, N. (2008). Theorising war: from Hobbes to Badiou. Basingstoke: Palgrave Macmillan.

[240] Goodhand, J. (1999). From wars to complex political emergencies: Understanding conflict and peacebuilding in the new world disorder. Third World Quarterly, 20(1), 14.

[241] Blannin, P. (2017). Islamic State's Financing: Sources, Methods and Utilisation. Counter Terrorist Trends and Analyses, 9(5), 13.

[242] Kaldor, M. (2001). New & Old Wars - Organised Violence in a Global Era. 1st ed. Cambridge: Polity Press, 110.

Por lo tanto, reconocer este hecho conduce a la respuesta de que la paz puede lograrse cuando está abarcada por perspectivas económicas, sociales, culturales, políticas y humanitarias que den como resultado una paz positiva y justicia para todos.

Después de las palabras

La guerra no es un negocio

Por Fawzia Koofi, miembro del parlamento de Afganistán y presidenta de la Comisión de mujeres, Sociedad Civil y Derechos Humanos

Las guerras han sido parte de la historia de los humanos desde que existimos en este planeta. Si bien creo que no hay guerras buenas, las peores son las que se libran con fines de lucro. Como persona que nació y creció en la guerra, y como mujer afgana que ha perdido tanto y tantos seres queridos en el conflicto de cuatro décadas en mi país, detesto la idea misma de cualquier plan que permita o legitime la privatización de guerras.

Hace unos años, algunas partes interesadas presionaron para privatizar la guerra en Afganistán, especialmente por parte del fundador de la ahora desaparecida Empresa Blackwater, Erik Prince. Me horrorizó que se promovieran, y mucho menos se consideraran, sus ideas de tener una fuerza mercenaria para luchar en mi país. En aquel entonces me opuse a las ideas del Sr. Prince y ahora me opongo firmemente a ellas.

Si bien entiendo el papel de las empresas de seguridad privadas a la hora de proporcionar apoyo vital, como suministros, lógica y trabajos de mantenimiento, a los ejércitos nacionales, su participación en los combates solo prolongará el conflicto e intensificará la violencia. Los soldados que luchan con fines de lucro no están sujetos a ninguna ley nacional o internacional ni a causas humanitarias. Su interés radica en ganar más dinero y cumplir los objetivos de ingresos de sus empresas. Esto es fundamentalmente erróneo, independientemente de cuán sólidamente se definan o formulen los argumentos a favor de la privatización de las guerras.

Incluso si suponemos que hay argumentos legítimos para el despliegue de soldados de fortuna, digamos a mi país, Afganistán, para matar o eliminar a los talibanes, no conocerán la geografía, lo que solo prolongará la guerra y causará más víctimas y muertes de civiles. Además, si estos soldados o sus empleadores son contratados hoy por el gobierno afgano, podrían ser contratados al día siguiente por los talibanes, actores regionales o incluso grupos terroristas. Cuando el objetivo es el dinero y la causa es aumentar los ingresos, los soldados de fortuna pueden optar por quién pague más.

Finalmente, los soldados de fortuna solo están obligados por la cantidad de ingresos que pueden generar, no por leyes o votos para proteger vidas, defender una ideología democrática o defender una causa común. El interés de los soldados será mantener la guerra para ganar más dinero, lo que abrirá la puerta a más brutalidad y crímenes de guerra.

El libro, *Empresas militares privadas y la subcontratación de la guerra: reexaminar la lógica política hacia la paz*, señala acertadamente los defectos de privatizar la guerra o desplegar soldados de fortuna para luchar en guerras con fines de lucro. La guerra no es un negocio y nunca debería librarse por dinero. No podemos evitar las guerras, pero podemos asegurarnos de que se libran para proteger vidas, defender los valores humanos y allanar el camino hacia una paz duradera.

Fawzia Koofi
Miembro del Parlamento de Afganistán
Presidenta de la comisión de mujeres, Sociedad Civil y
Derechos Humanos

Biografía de Fawzia Koofi

Fawzia Koofi es miembro del Equipo de Negociación de Paz que representa a la República Islámica de Afganistán. Ha realizado su recorrido de liderazgo en un país de conflictos internos. Después de completar su licenciatura, ingresó a una escuela de medicina competitiva. Pero poco después, los talibanes tomaron el poder en septiembre de 1995 y prohibieron a las mujeres el acceso a toda la educación.

Al encontrar cerradas las puertas de la educación universitaria, Fawzia centró su energía en las organizaciones de derechos humanos de las mujeres. Trabajó en estrecha colaboración con uno de los grupos más vulnerables, como los Desplazados Internos (por sus siglas en inglés IDP), y las mujeres y niños marginados. Tras la caída de los talibanes, continuó estudiando en la facultad de derecho en el turno de noche, mientras seguía trabajando con UNICEF Afganistán sobre los derechos de las mujeres y los niños. Fawzia finalmente obtuvo su licenciatura en la Facultad de Derecho y Ciencias Políticas de la Universidad de Kabul. Obtuvo su maestría en relaciones internacionales en la Escuela Diplomática de Ginebra, en Suiza.

Los antecedentes familiares políticos de Fawzia y su orientación hacia el servicio público la impulsaron a aprovechar las nuevas oportunidades que allanaron el camino para muchas mujeres. Decidió postularse para un escaño en el parlamento, en representación de la provincia de Badakhshan. Fawzia fue elegida miembro del Parlamento de esa provincia en septiembre de 2005, justo después del primer parlamento elegido en 33 años. Además, fue elegida la primera mujer segunda vicepresidenta del Parlamento en la historia de Afganistán.

Algunas de las iniciativas clave de las mujeres que han defendido incluyen la mejora de las condiciones de vida de las mujeres en las cárceles afganas, mediante la aprobación de resoluciones. Gracias a sus esfuerzos se creó una comisión para trabajar el tema de la violencia contra los niños. La comisión estuvo presidida por el primer vicepresidente de Afganistán. Fawzia presentó muchas propuestas progresistas que protegen a las mujeres y los niños, incluida la ley sobre la violencia contra las mujeres, la ley contra el acoso a mujeres y niños, la ley sobre infancia y contribuyó a la legislación que garantiza la protección de los derechos humanos de los ciudadanos. Promovió la educación de mujeres y niñas abogando por el acceso a buenas escuelas, así como creando oportunidades de educación no formal para niños no escolarizados en sus electores, en la provincia de Badakhshan. Es autora del libro *Cartas a mis hijas y La hija favorita*, que es su autobiografía. En 2016, fue elegida presidenta del Comité de Derechos Humanos de la UIP. La UIP trabaja para promover la democracia y la paz en todo el mundo.

Fawzia Koofi ha sido nombrada Joven Líder Global por el Foro Económico Mundial, Fearless Mind de 2013 por la revista Times y muchos más. Además, ha recibido muchos premios prestigiosos, incluidos Women of Knowledge, Minerva y muchos más.

Es la líder de un partido político recién creado llamado Movimiento por el Cambio en Afganistán. Fawzia fue nominada recientemente para el Premio Nobel de la Paz, lo cual es un logro enorme.

Descargo de responsabilidad

Conflictos de intereses: El autor no tiene ningún conflicto de interés que declarar.

Divulgación financiera: El autor declaró que este estudio no ha recibido apoyo financiero.

Aclaración: la primera versión de este libro, titulada *The Private Military Companies and Outsourcing of War: Re-examining the Political Rationale Towards Peace,* se lanzó mundialmente en 2022 en idioma inglés.

Referencias

Academi.Com. (2019). Academi. [Online] Available at: Https://Www.Academi.Com/. Accessed: 19 February 2020].

Awn-af.net. (2019). Afghan Women's Network. [online] Available at: http://awn-af.net/index.php/cms/press_detail/1524/12 [Accessed 30 Apr. 2019].

Ayoob, M. Security in The Third World: The Worm About to Turn? International Affairs, 60(1) (1983), pp.41-51.

Baldwin, D. Security Studies and the End of the Cold War. World Politics, 48(1), (1995), pp.117-141.

Blannin, P. (2017). Islamic State's Financing: Sources, Methods and Utilisation. Counter Terrorist Trends and Analyses, 9(5), pp.13-22.

Booth, K. (1991). Security and Emancipation. Review of International Studies, 17(4), pp. 313-326.

Booth, K.; Smith, S. Critical Security Studies and World Politics. (Boulder, Colo.: Lynne Rienner Publishers, 2005).

Buzan, B. People, States & Fear: An Agenda for International Security Studies in the Post-Cold War Era. (2nd Ed. Colchester: Ecpr Press, 2007).

Buzan, B., Waever, O.; Wilde, J. Security: A New Framework for Analysis. (Boulder, Colo: Lynne Rienner, 1998).

Carter, Jr, J. The Tooth to Tail Ratio: Considerations for Future Army Force Structure. [Online](Apps.Dtic.Mil,1997).

Available at: Https://Apps.Dtic.Mil/Dtic/Tr/Fulltext/U2/A326318.Pdf. Accessed: 16 February 2020.

Christie, R. Critical Voices and Human Security: To Endure, To Engage Or To Critique? Security Dialogue, 41(2), 2010, pp.169-190.

Chulov, M. and Safi, M., 2020. 'Our blood is cheaper than water': anger in Iraq over Trump pardons. [online] the Guardian. Available at: <https://www.theguardian.com/us-news/2020/dec/23/our-blood-is-cheaper-than-water-iraqis-anger-over-trump-pardons> [Accessed 16 May 2021].

Clausewitz, C. On War. (London: K. Paul, Trench, Trubner, 1918).

Coker, C. (1999). Outsourcing War. Cambridge Review of International Affairs, 13(1), 1999, pp. 95-113.

Delmas-Marty, Mireille (translated by Naomi Norberg). Ordering Pluralism: A Conceptual Framework for Understanding The Transnational Legal World. (Oxford, and Portland, Oregon: Hart Publishing, 2009).

Dod. Defense Government. [Online] Available At: Https://Dod.Defense.Gov/Portals/1/Documents/Pubs/2018-National-Defense-Strategy-Summary.Pdf, 2019. Accessed 10 January 2020.

Duffield, M. and Donini, A. (2014). Global Governance and the New Wars - The Merging of Development and Security. New York: Zed Book.

Duffield, M. (2002). War as A Network Enterprise: The New Security Terrain And Its Implications. Cultural Values, 6(1-2), 2002, pp.153-165.

Fitzsimmons, S. Wheeled Warriors: Explaining Variations in The Use of Violence By Private Security Companies In Iraq. Security Studies, 22(4), 2013, pp. 707-739.

Forbes. 2018. Richard DeVos & family. [online] Available at: <https://www.forbes.com/profile/richard-devos/?list=forbes-400&sh=485f21d1ff44> [Accessed 16 May 2021].

Fulloon, M. Non-State Actor: Defining Private Military Companies. Strategic Review for Southern Africa, 37(2),2015, pp. 29-51.

Gafarov, O. Rise of China's Private Armies. Chatham House, 2019. Available At: Https://Www.Chathamhouse.Org/

Publications/Twt/Rise-China-S-Private-Armies. Accessed: 17 March 2020.

Galtung, J. (1969). Violence, Peace, and Peace Research. Journal of Peace Research, 6(3), pp.167-191.

General Assembly Resolution 68/262, Territorial Integrity Of Ukraine, A/Res/68/262, March 2014, Https://Undocs.Org/A/Res/68/262.

Glaser, C. A Flawed Framework: Why the Liberal International Order Concept Is Misguided. International Security, 2019, 43(4), pp.51-87.

Glasius, M. Human Security from Paradigm Shift To Operationalization: Job Description For A Human Security Worker. Security Dialogue, 39(1), 2008, pp.31-54.

Goga, R. Privatization of Security in The 20th Century. From Mercenaries to Private Military Corporations. (Studia Universitatis Babeș-Bolyai Studia Europaea, 63(1), 2018), pp.251-264.

Goodhand, J. (1999). From wars to complex political emergencies: Understanding conflict and peacebuilding in the new world disorder. Third World Quarterly, 20(1), pp.13-26.

Goodhand, J. (2005). Frontiers and Wars: The Opium Economy in Afghanistan. Journal of Agrarian Change, 5(2), pp.191-216.

Gortzak, Y. How Great Powers Rule: Coercion and Positive Inducements In International Order Enforcement. Security Studies, 2005, 14(4), pp. 663-697.

Globalpolicy.Org. (2019). Regulation and Oversight Of Pmscs. Available At: Https://Www.Globalpolicy.Org/Pmscs/50211-Regulation-And-Oversight-Of-Pmscs.Html. Accessed 15 Feb. 2020.

Hammersley, M., Foster, P., Gomm, R. and Eckstein, H. Case Study Method. (London: Sage, 2000).

Harari, Y. (2012). There is one thing more lucrative than war: Peace. [online] haaretz.com. Available at: https://www.haaretz.

com/analysis-the-end-of-war-1.5268517 [Accessed 30 Apr. 2019].

Haug, K., Maaø, O. and Strachan, H. (2012). Conceptualising Modern War. 2nd ed. London: C. Hurst & Co.

Heng, Y. (2006). The 'Transformation of War' Debate: Through the Looking Glass Of Ulrich Beck's World Risk Society. International Relations, 20(1),2006, pp. 69-91.

Icoca.Ch. Membership | Icoca - International Code of Conduct Association, 2019. Available At: Https://Www.Icoca.Ch/En/Membership. Accessed 16 Feb. 2020.

Hennigan, W. (2019). http://time.com. [online] Time. Available at: http://time.com/5534783/iron-tempest-afghanis-tan-opium/ [Accessed 30 Apr. 2019].

International Committee of The Red Cross. (The Montreux Document On Private Military And Security Companies, 2019. [Online] Available At: Https://Www.Icrc.Org/En/Publication/0996-Montreux-Document-Private-Military-And-Security-Companies [Accessed 15 Jan. 2020].

Joint Audit of Blackwater Contract And Task Orders For Worldwide Personal Protective Services In Iraq. (2009). [Online] Office Of The Special Inspector General For Iraq Reconstruction. Available At: Https://Apps.Dtic.Mil/Dtic/Tr/Fulltext/U2/A508739.Pdf [Accessed 19 Jan. 2020].

Kaldor, M. In Defence of New Wars. (Stability: International Journal of Security and Development, 2(1), 2013).

Kaldor, M. (2001). New & Old Wars - Organised Violence in a Global Era. 1st ed. Cambridge: Polity Press.

Kalyvas, S. "New" And "Old" Civil Wars: A Valid Distinction? World Politics, 54(1), 2001, pp. 99-118.

Kaufman, J. and Williams, K. (2015). Women, DDR and Post-Conflict Transformation: Lessons from the Cases of Bosnia and South Africa. Journal of Research in Gender Studies, 5(2), pp.11-53.

Malešević, S. The Sociology of New Wars? Assessing the Causes and Objectives of Contemporary Violent Conflicts. International Political Sociology, 2(2), 2008, pp.97-112.

Mansfield, N. (2008). Theorising war: from Hobbes to Badiou. Basingstoke: Palgrave Macmillan.

Mcgrath, J. The Other End of The Spear: The Tooth-To-Tail Ratio (T3r) In Modern Military Operations. [Online] (Apps. Dtic.Mil.,2007) Available at: Https://Apps.Dtic.Mil/Dtic/Tr/Fulltext/U2/A472467.Pdf [Accessed 16 Jan. 2020].

Waronwant.Org. Mercenaries Unleashed - The Brave New World of Private Military and Security Companies, 2016. [Online] Available At: Https://Waronwant.Org/Sites/Default/Files/Mercenaries%20unleashed%2c%202016.Pdf [Accessed 20 Jan. 2020].

Merom, G. The Age of Asocial War: Democratic Intervention and Counterinsurgency In The Twenty-First Century. (Australian Journal of International Affairs, 66(3), 2012, pp.365-380.

Montreux Document on Pertinent International Legal Obligations and Good Practices for States Related to Operations of Private Military and Security Companies During Armed Conflict: Montreux 17 September 2008. (Journal of Conflict and Security Law, 13(3), 2008, pp. 451-475.

Munro, L. Strategies to Shape the International Order: Exit, Voice and Innovation Versus Expulsion, Maintenance and Absorption. (Canadian Journal of Development Studies / Revue Canadienne D'études du Développement, 39(2), 2017, pp. 310-328.

Nordland, R., Faizi, F. and Abed, F. (2019). Afghan Women Fear Peace with Taliban May Mean War on Them. [online] Nytimes.com. Available at: https://www.nytimes.com/2019/01/27/world/asia/taliban-peace-deal-women-afghanistan.html [Accessed 30 Apr. 2019].

Ohchr.org. 2020. OHCHR | US pardons for Blackwater guards an "affront to justice" – UN experts. [online] Available at:

<https://www.ohchr.org/EN/NewsEvents/Pages/DisplayNews.aspx?NewsID=26633&LangID=E> [Accessed 16 May 2021].

Owen, J. How Liberalism Produces Democratic Peace. International Security, 19(2), 1994.

Pervez, F. Blackwater: Can't Stop, Won't Stop. Foreign Policy In Focus, 2010. [Online] Available at:

Https://Gold.Idm.Oclc.Org/Login?Url=Https://Search.Proquest.Com/Docview/746785187?Accountid=11149. Accessed 18 January 2020].

Posner, Eric. The Twilight of Human Rights Law. (Oxford: Oxford University Press, 2014).

Prince, E. Civilian Warriors: The Inside Story of Blackwater And The Unsung Heroes Of The War On Terror. (1st Ed. New York: Penguin, 2014).

R C Ogley, `Peace` (2006), in Outhwaite & Bottomore, The Blackwell Dictionary of Modern Social Thought, pp. 464-465

R C Ogley, `War` (2006), in Outhwaite & Bottomore, The Blackwell Dictionary of Modern Social Thought, pp. 728-731

Refugees, U. (2019). Figures at a Glance. [online] UNHCR. Available at: https://www.unhcr.org/figures-at-a-glance.html [Accessed 27 Apr. 2019].

Reynolds, N. Are Russia's Mercenaries A Threat to U.S. Interests? (Carnegie Endowment for International Peace, 2019). [Online] Available At: Https://Carnegieendowment.Org/2019/07/17/Are-Russia-S-Mercenaries-Threat-To-U.S.-Interests-Pub-79493. [Accessed 16 January 2020].

Reynolds, N. Putin's Not-So-Secret Mercenaries: Patronage, Geopolitics, And the Wagner Group. [Online] Carnegie Endowment for International Peace, July 2019. Available At: Https://Carnegieendowment.Org/2019/07/08/Putin-S-Not-So-Secret-Mercenaries-Patronage-Geopolitics-And-Wagner-Group-Pub-79442 [Accessed 16 Aug. 2019].

Richards, P. (2008). Fighting for the Rain Forest - War, Youth & Resources in Sierra Leone. 6th ed. Oxford: Internat. African Inst. in assoc. with James Currey.

Right Web - Institute for Policy Studies. Academi Llc (Formerly Xe And Blackwater Worldwide) - Right Web - Institute for Policy Studies, 2019. [Online] Available At: Http://Rightweb.Irc-Online.Org/Profile/Blackwater_Worldwide/#_Edn16 [Accessed 19 Jan. 2020].

Scahill, J. Blackwater Founder Remains Free and Rich While His Former Employees Go Down On Murder Charges. [Online] The Intercept, 2014. Available At: Https://Theintercept.Com/2014/10/22/Blackwater-Guilty-Verdicts/ [Accessed 19 Jan. 2020].

Singer, P. Corporate Warriors - The Rise of The Privatized Military Industry. (Ithaca, N.Y.: Cornell University Press, 2008).

Strachan, H., Herberg-Rothe, A. and Münkler, H. Clausewitz In The Twenty-First Century. (Oxford: Oxford University Press, 2007).

Tahir, T. How World's Next Global Power Could Be A Private Army Of Mercenaries. [Online] (The Sun, 2019). Available At: Https://Www.Thesun.Co.Uk/News/8479911/How-Worlds-Next-Global-Power-Could-Be-A-Private-Army-Amid-Fears-Russia-Is-About-To-Unleash-Mercenary-Battalions-In-Venezuela/ [Accessed 17 Jan. 2020].

Tickner, J. Feminist Responses to International Security Studies. (Peace Review, 16(1), 2004, pp.43-48).

Traynor, I. Special Investigation: The Privatisation of War. [Online] The Guardian, 2019. Available At: Https://Www.Theguardian.Com/World/2003/Dec/10/Politics.Iraq [Accessed 3 Jan. 2020].

Tucker, E., 2021. After pardon, Blackwater guard defiant: 'I acted correctly'. [online] AP NEWS. Available at: <https://apnews.com/articledonald-trump-shootings-bagh-

dad-only-on-ap-iraq-7b3e202ac353db544180fb2a61d2902c>
[Accessed 16 May 2021].

Unodc.org. (2018). Last year's record opium production in Afghanistan threatens sustainable development, latest survey reveals. [online] Available at: https://www.unodc.org/unodc/en/frontpage/2018/May/last-years-record-opium-production-in-afghanistan-threatens-sustainable-development--latest-survey-reveals.html [Accessed 29 Apr. 2019].

U.S. 2020. Trump pardon of Blackwater Iraq contractors violates international law - UN. [online] Available at: <https://www.reuters.com/article/us-iraq-blackwater-un-idUSKBN294108> [Accessed 16 May 2021].

Warren, D.; Bianco, M.A. Opportunities to Improve Processes for Reporting, Investigating, And Remediating Serious Incidents Involving Private Security Contractors In Iraq. (Office of the Special Inspector General for Iraq Reconstruction, SIGIR 09-019, April 30, 2009). SIGIR 09-019, Arlington,VA.

Welch, M. Fragmented Power and State-Corporate Killings: A Critique of Blackwater In Iraq. Crime, Law and Social Change, 51(3-4), 2008, pp. 351-364.

Yeoman, B. Soldiers of Good Fortune. [Online] Mother Jones, 2019. Available at: Https://Www.Motherjones.Com/Politics/2003/05/Soldiers-Good-Fortune/ [Accessed 28 Jan. 2020].

Lecturas recomendadas

Superpotencia ¿Por qué no lo somos, pero deberíamos serlo?
(Alejandro Rodríguez)

Versailles. Trabajos sobre el 2019: un año clave para Venezuela
(Orlando Avendaño)

Palabra de maestro. Crónica de un desgobierno
(Stefanie Medina)